Ansia

Una Guida Per Attacchi Di Panico E Ansia

(Come Superare Il Disturbo E Conseguire Gli Obiettivi Della Tua Vita)

Cino Rossi

Traduzione di Daniel Heath

© **Cino Rossi**

Todos os direitos reservados

Ansia: Una Guida Per Attacchi Di Panico E Ansia (Come Superare Il Disturbo E Conseguire Gli Obiettivi Della Tua Vita)

ISBN

TERMINI E CONDIZIONI

Nessuna parte di questo libro può essere trasmessa o riprodotta in alcuna forma, inclusa la forma elettronica, la stampa, le fotocopie, la scansione, la registrazione o meccanicamente senza il previo consenso scritto dell'autore. Tutte le informazioni, le idee e le linee guida sono solo a scopo educativo. Anche se l'autore ha cercato di garantire la massima accuratezza dei contenuti, tutti i lettori sono avvisati di seguire le istruzioni a proprio rischio. L'autore di questo libro non potrà essere ritenuto responsabile di eventuali danni accidentali, personali o commerciali causati da un'errata rappresentazione delle informazioni. I lettori sono incoraggiati a cercare l'aiuto di un professionista, quando necessario.

INDICE

Parte 1 1

Capitolo 1 2

L'importanza Di Attenuare l'ansia 2

Capitolo 2 8

Olii essenziali che attenuano l'ansia 8

Capitolo 3 18

Curare L'ansia Con Il Giusto Thè 18

Capitolo 4 27

Sali Da Bagno che aiutano davvero 27

Capitolo 5 35

Burri Per Il corpo che ti aiutano A Calmarti 35

Capitolo 6 47

Rimedi Con Erbe che ti aiutano A Liberarti Presto Dall'ansia 47

Capitolo 7 56

Abitudini naturali che ti Aiutano A Liberarti dell'ansia 56

Capitolo 8 64

Ulteriori modi Per Aiutarti A Controllare l'ansia 64

Parte 2 72

Introduzione 73

Cos'è L'ansia? 73

Capitolo 1 88

Capire L'ansia 88

Capitolo 2 101

Approcci Per Gestire L'ansia 101

Capitolo 3 110

Identifica Il Tuo Problema 110

Capitolo 4 121

Identifica I Pattern Del Tuo Pensiero 121

Capitolo 5 126

Pattern Di Pensiero Negativi 126

Capitolo 6 130

Elimina Le Cose Che Ti Trattengono 130

Capitolo 7 134

Affronta Le Tue Paure 134

Capitolo 8 136

Pratica Il Rilassamento E La Consapevolezza 136

Conclusioni 138

I Tuoi Obiettivi A Lungo Termine. Elabora Un Piano E Agisci
.... 138

Parte 1

Capitolo 1

L'importanza di attenuare l'ansia

Quando lasci la tua ansia libera di correre sfrenata, non vivrai una vita felice o salutare. È importante controllare la tua ansia, e non hai bisogno di rimuginare o prendere medicine per farlo. Ci sono molti rimedi naturali, abitudini e consigli che puoi usare per aiutarti. Non puoi curarla, ma puoi controllarla. L'ansia è una reazione naturale per le situazioni stressanti, ma non c'è motivo per farti prendere da attacchi d'ansia. Chiunque, a dire il vero, può avere o provare ansia, e ne verrai colpito indifferentemente dal tipo di vita che conduci.

Cosa puòcausarel'ansia:
Puòesserepeggio di un attaccod'ansia, anche se quest'ultimo non è sicuramentequalcosasu cui ridere. Un attaccod'ansiapuò, in realtà, puòprovocareun'orticariachepuòchiuderti le vie respiratorie, e non dovrestimaipermettereallatuaansia di arrivaredavverofino a questo punto. Troppaansiapuòanchecondurrealladepressione, a stress ulteriore, ad interrompereiltuociclosonno-veglia, e causareaddirittura paranoia.
Puòpersinoabbassareiltuosistemaimmunitario. Quest'ultimo è importante, quindiassicuratichestiamesso bene e funzionante se vuoirestare in salute. Se non sai come combattereadeguatamentel'ansia e lo stress da essaprovocatopuoiaddirritturaincorrerenel binge eating disorder. L'ansiapuòpersinocolpireiltuostatoemotivo, ilche causa una mancanza di autostima ed interrompere la tua vita. Puòcolpire la tuacapacità di giudizio, la scuola, e le

tuerelazioni. Se non staiattento, l'ansiatiporteràalladepressione, ilcheinterromperàanche la tua vita.

Combatterel'ansianaturalmente:

L'ansia è qualcosache non cureraimai. Quindiassicurati di essere in grado di combatterlanaturamentese vuoiriuscireadavere una vita felice e salutare. Questospazia dal cambiareiltuoambiente al cambiare le tueabitudini, e di tuttociò ne discuteremoneiprossimicapitoli.

Comunque, troveraianchecheesistonomolteerbe e rimedinaturalichepuoiusare, come thè, oliiessenziali e burri per ilcorpo.

C'èsemprequalcosachepuoiprendereduran teilgiornochetiaiuterà. Ovviamente, scopriraiche ci sonosvariatesoluzioni diverse, ma non tuttequestevanno bene per tutti. Avraibisogno di sperimentare e trovare quelle soluzionichesianomigliori per te. Moltitrovanochesia una combinazione di coseil modo migliore se vuoidavverocontrollare la tuaansia. Hai bisogno di adottaremetodichetiaiutinosia in manieraimmediatasia a lungotermine, come il burro per ilcorpochepuoiportare con te.

Quandosaiche è un problema:
Sai chel'ansia è un problemaquandoiniziaadaffliggereiltuosonno o ad interferire con la tua vita sociale o lavorativa. Hai bisogno di essere in grado di andareavanti senza sentirtiansioso o stressatodurante la giornata.
Ecco perchéhaibisogno di questimeccanismi di difesanaturali e di questirimedierboristicinaturali.
Quandotitroviadavereproblemi con la gestione di ciòchetilanciaaddosso la vita quotidianamente, solitamente è a causa dello stress e dell'ansia. se noti di esseredepresso o di avereunoscarsoatteggiamento verso la vita, anchequestosolitamente è a causa dell'ansia. Se staidiscutendo e sembribruscononostantetu non sappiailperché, solitamente ha a che fare con l'ansia. Questisonotuttiindizi per scoprirequandol'ansiastainiziando a prendersiilmeglio di te. Assicurati di iniziareadadottaremeccanismi di combattimento e rimedierboristiciimmediatamente se non

vuoi che l'ansia vada fuori dal tuo controllo, il che ti aiuterà anche a tener lontani gli attacchi d'ansia.

Capitolo 2

Oli essenziali che attenuano l'ansia

Gli oli essenziali sono un grande alleato nell'attenuare l'ansia. Non tutti gli oli essenziali sono di grado terapeutico, che è ciò di cui hai bisogno per attenuare l'ansia o per qualsiasi effetto benefico, sono economici. Ovviamente, scoprirai che gli oli essenziali sono di grande aiuto, e ti aiuteranno a ottenere velocemente una diminuzione dell'ansia. Puoi usare un singolo olio essenziale o una miscela. Vorrai tre oli essenziali in una miscela, o ppuoi semplicemente comprare una miscela per l'ansia per te stesso. Sapere quali oli essenziali funzionano meglio ti aiuterà a capire se vale la pena comprare una miscela o meno.

Olio essenziale #1 Lavanda

Quello alla lavanda è un olio essenziale terapeutico che solitamente è facile da reperire, e non è unodeglioliiessenzialipiùcostosi. I fiori di lavandapossonoaiutarti molto con le malattie, e sono un rimedioerboristicocomune. Ovviamente, scopriraichel'olioessenzialepuòessereefficacementeusato da solo. Puoiutilizzarloanche per aiutarti a dormire dal momentoche è molto facile da reperire, e tuttociòchetiserviràsaranno una o due gocce per le emicranie, l'ansia, lo stress e per aiutarti a dormire. Usa un olio vettore, solitamente di mandorle o di cocco. Ovviamente, puoianchesemplicementediffonderlonella stanza. La lavanda è una nota media o alta, dipendedallatuamiscela.

Olio essenziale #2 Arancia selvatica

Non prendere semplicemente l'olio essenziale all'arancia. Se vuoi assicurarti di avere quello giusto, assicurati che riporti di essere di arancia selvatica e che sia un olio essenziale di tipo terapeutico. Rilascia un aroma agrumato, ed è grandioso per risollevare il tuo umore. È esattamente così che ti aiuta ad assicurarti di prenderti cura della tua ansia. Ti aiuta a pensare in maniera più positiva e a rilassare la mente. ti aiuta con le irritazioni, il panico, il nervosismo e persino con la rabbia, alleviandoli quasi istantaneamente. puoi strofinarlo sulla nula o sul dorso dei piedi per ottenere i risultati migliori. Se servisse, usa un olio vettore. Come tutti gli olii essenziali, se lo applichi direttamente sulla pelle potresti aver e un'irritazione. L'arancia selvatica è una nota base.

Olio essenziale #3 Bergamotto
Ilbergamotto è un olio essenziale a cui moltepersone non pensano, ed è ancheconosciuto per ilsuoodore quasi agrumato. Puòaiutarti con qualsiasisbalzod'umoreimprovviso o con lo stress, ed entrambe le cosecontribuisconoall'ansia. Quest'olio è conosciuto per aiutartiadesprimereituoisentimenti, anche se li reprimi. È un olio essenzialeconosciuto per aiutarti a liberarti di qualsiasicosatistiamantenendo in depressione o tistiacausandoansia, ed è calmante per la mente. Il bergamotto è una nota alta.

Olio essenziale #4 Limone
Se staicercando un olio essenzialeterapeuticoeconomichetiaiuti comunque a gestirel'ansia, alloraquello al limonesaràsempre una buonascelta. Una dellecosemigliori è chesitratta di un olio essenziale versatile, ilche è sempre utile. Si mescola bene con aromifloreali o fruttiagrumati. È di sollievo e stimolante. Certamente non è un olio

essenzialechetiaiuterà a dormire. Puoieffettivamenteusarlodiffondendolonella stanza, ma se prendil'olioessenziale giusto, puoimetterlonell'acqua. Giusto una o due gocce, e tiaiuterà. Il limone è una nota alta, ma moltepersone lo usanoancora come una nota media.

Olio essenziale #5 Franchincenso

Il franchincenso è conosciuto per rallentare la respirazione ed aiutare con lo stress, l'ansia, e persino con la depressione. Ti aiuta anche con le paure e le tensioni. Comunemente viene mescolato con la lavanda per ottenere i risultati migliori, e può aiutarti se lo strofini sulla nuca o sul dorso dei piedi. Ovviamente, anche il diffonderlo nella stanza è un metodo conosciuto per aiutarti con l'ansia. Il franchincenso è una nota base.

Olio essenziale #6 Patchouli

Il patchouli è un ottimo modo per stabilizzare la tua mente, in quanto aiuta a calmare le tue emozioni. Ecco perché è grandioso contro lo stress e l'ansia. Puoi applicarlo alla base del teschio, sulla nuca, o puoi diffonderlo nella stanza per avere, in maniera meno diretta mgli stessi risultati. Il patchouli è una nota base.

Olio essenziale #7 Camomilla romana

Avrai probabilmente già sentito parlare del thè alla camomilla, ma troverai che l'olio essenziale alla camomilla romana è davvero grandioso per alleviare sia lo stress che l'ansia. Può addirittura prevenire gli effetti della depressione. Può avere un odore dolce o a volte fruttato, ed è conosciuta per aiutare anche con la tensione muscolare, il che significa aiutare a rilassare la mente e il corpo. Può persino aiutare con la sindrome da deficit dell'attenzione e con l'insonnia. La camomilla romana è una nota media.

Olio essenziale #8 Salvia sclarea

La salvia sclarea è ottimanelridurrel'ansia, ed è comunementeabbinata con la lavanda, con ilrosmarino, e persino con la menta. Non è una cura per l'ansia, ma ha un incredibileeffettocalmante. È fantastica nelcalmare la mente, ed è conosciuta per aiutaresia con la depressioneche con lo stress. Solitamente, la salvia sclarea non vieneutilizzata da sola, e produceirisultatimiglioriquandovieneutilizzata in un miscuglio. Anche la salvia sclarea è una nota media.

Olio essenziale #9 Gelsomino

Se staicercando un olio essenzialechesiainebriante e floreale, alloravorraiprovareilgelsomino. Aiuta con l'ansia, ma è unodeglioliiessenzialipiùcostosichepuoiprendere per l'ansia. Un tipoterapeurico di olio essenziale al gelsominopuòprovocareleggeridolori. Ricordasoltanto di non prenderne una tipologiaeconomica, o non tiaiuteràdavveronellatua lotta control l'ansia. L'olio essenziale al gelsomino è un'altra nota media.

Olio essenziale #10 Sandalo

L'olio essenziale al sandalo ha un odore legnoso, ed è considerato come un odore più maschile per aiutarti a liberarti dell'ansia. È conosciuto anche per aiutarti a migliorare la qualità del sonno e ad avere un ciclo sonno-veglia migliore. Anche dormire abbastanza ti aiuta a ridurre efficacemente l'ansia.

L'olio essenziale al sandalo è una nota base.

Come mescolare gli olii essenziali:

Ovviamente, se vuoi usare gli olii essenziali, devi sapere come mescolarli a meno che tu non voglia usarli singolarmente. Un miscuglio di olii essenziali fornisce solitamente un effetto più forte, e può aiutarti a combattere la depressione e l'ansia. Innanzitutto, devi chiedere a te stesso quali risultati vuoi ottenere per identificare quali olii dovresti mescolare insieme. In questo caso, il tuo risultato finale sarà qualcosa che ti aiuti nell'alleviare l'ansia c hestaiprovando.

Dovraimescolareglioliiessenziali in base allalorocategoria, se sonolegnosi, alla menta, medicinali, agrumati, orientali, speziati e così via.

Mescolali in base a ciò che pensi stia bene per creare un odore delizioso che abbia note alte, medie e basse. Ogni nota si basa sulla velocità di evaporazione, e mescolandole saprai che il tuo miscuglio di olii essenziali durerà per un po'. Per qualsiasi principiante è raccomandabileiniziare con tre olii essenziali per mescolarli adeguatamente. Utilizza per il 30% l'olio essenziale con una nota alta, il 50% della nota media ed il 20% della tua nota bassa. Attaccati a questedosi e saraisicuro di ottenere un miscugliochefuzioni.Ovviamente, puoisemprecomprareanchemiscuglichetiai utinoadalleviarel'ansia, ilchetiaiuterà se non tisenti a tuoagionelmescolareituoioliiessenziali per dartisostegnocontrol'ansia.

Capitolo 3

Curare l'ansia con il giusto thè

Bere un qualcosa di caldoè un metodoconosciuto per aiutarti a calmarti, e l'ansia non è diversa. Il thèpuòaiutare, e quandohaiil giusto thètipuòaiutareancora di più. La maggiorparte di questericette per ilthèpossonoesserebevutesiacaldechefredde, ma berledurante la giornata è sicuramentepiùd'aiutocheberlesoltanto una volta al giorno. Se vuoiberlifreddi, moltepersonepreferisconoprepararli in anticipo. Incorporareilthènellatua routine quotidiana è semplice, ma ricordatiche se vuoibereilthè freddo dobraiprepararlo prima. Puoiprepararne una gran quantità se lo congeli, così lo useraidurante la giornata.

Thè #1 Thè freddo allalavanda

Non haisemprebisogno di un thècaldo per lavoraresullatuaansia. A volte hai solo bisogno di qualcosachetiaiutiadassicurarti di rilassarti, caldo o freddo. Questo è

esattamenteciòchequestorimedioallalavandafarà. La lavanda è un armarilassante ed ha un effettorilassantesulcorpoquandovieneingerita. È facile reperiredellalavandaessiccata, ma funziona bene anche la lavanda fresca.
Ingredienti:
1. 12 bustine del tuothèpreferito
2. 2 ½ cucchiaini di lavandaessiccata
3. 3 ½ cucchiaini di miele al naturale

Istruzioni:
1. Prendi circa 4 litrid'acqua e portalaadebollizione. Lascia in infusioneilthè e la lavada per 20-30 minutidopo aver toltol'acqua dal fuoco. Filtra la lavanda e togli le bustine di thè.
2. Versa e mescolailmiele, e poi metti in frigorifero per far raffreddare. Servi con ghiaccio.

Thè #2 Allamelissa per la buonanotte

Il thèallamelissa è grandioso se staicercandoqualcosachetiaiutiadaddormentarti e riducavelocemente la tuaansia. Ha un effettocalmante e sedativo, ed è per questochedovrestiprenderlo prima di andare a dormire. Non berlo la mattina. Il tuo stress siscioglierà con questothè, lasciandotimenoansioso e pronto per una buonanotte di sonno. Ovviamente, puoiaggiungere del miele per addolcirlo.

Ingredienti:
1. 1 tazza d'acqua
2. 2 cucchiaini di miele al naturale
3. 2 cucchiai di melissaessiccata

Istruzioni:
1. Fai semplicementebollirel'acqua, e poi rimuovila dal fuoco. Lascia in infusione la melissa per 10-12 minuti.
2. Filtrala via, poi aggiungiilmiele e bevicaldo.

Thè #3 Miscelaallamelissa

Questa ricetta è per preparare 4 tazze di thè, e se vuoiprepararne solo una tazza, prenderai solo un cucchiaiopienodellamiscela. Sarà ¼ di tazza dellamiscela. La scorzad'arancia e ilcinorrodosonograndiosi per assicurarti di avereil giusto apporto di vitamina C per permetterti di sentirti in salute, mentre la melissa e la lavandatiaiuteranno a far andar via la tuaansia. Anchel'avena è conosciuta per aiutareadalleviarel'ansia.

Ingredienti:
1. 2 cucchiai di melissaessiccata
2. 1 tazza d'acqua
3. 1 cucchiaio di avena
4. 2 cucchiaini di cinorrodo, essiccato e senza semi
5. 1 ½ cucchiaini di scorzad'arancia, essiccata e grattuggiata
6. ½ cucchiaino di fiori di lavanda, essiccati

Istruzioni:
1. Prendi un cucchiaiodellamiscela, e versaci sopra l'acquabollente. Dovrebbeessere una tazza d'acqua, e poi lascia in infusione per 20-25 minuti. Filtra le erbe, ed aggiungimiele per addolcire. Puoiberequestothècaldo o freddo.

Thè #4 Thèalla menta
Il thèalla menta è famosoanch'esso per aiutarti con l'ansia. Aiutaanche a risollevare e stabilizzarel'umore.Ancheilsucco di limoneaiuta, ed aiutaaddirritturailtuosistemadigestivo. È un

thè facile da preparare, ed ottenerefoglie di menta essiccate non è cosìcomplicato.

Ingredienti:

1. 2 cucchiaini di foglie di menta essiccate
2. ½ cucchiaino di estratto di menta
3. 2 cucchiai di miele al naturale
4. ½ cucchiaino di succo di limone fresco

Istruzioni:

1. Prendi una tazza d'acqua e portalaadebollizione, poi toglila dal fuoco. Metti in infusionenell'acqua le foglie di menta, ed aggiungiilsucco di limone e l'estratto.
2. Filtra le fogliedopoaverlelasciate in infusione per 10-15 minuti, e poi aggiungiilmiele.

Thè #5 Lavanda&camomilla

Sia la lavandache la camomillasonoconosciute per ridurre lo stress, e puoiusareifioriessiccati per fare questothè. È facile reperirli, e tiaiuterà a ridurreimmediatamente lo stress. Comunque, questothè è grandioso anche per aiutarti con ilsonno, quindiscopriraiche è meglioprenderlo la sera.

Ingredienti:
1. 2 cucchiaini di fiori di lavandaessiccati
2. 1 cucchiaino di fiori di camomilla, essiccati
3. 1 cucchiaino di miele al naturale

Istruzioni:
1. Fai bollire una tazza d'acqua, e poi mettici dentro ifiori di lavanda e di camomilla, lasciali in infusione per 6-8 minuti.
2. Filtra via ifiori, e poi mescolailmielenelthè.

Thè #6 Basilico

Il thè al basilico è fantasticocontro lo stress e l'ansia, e solitamentehaigià del basiliconellatuadispensa. Ovviamente, scoprirai di poterusarebasilico fresco o essiccato, e ilbasilico è piuttosto facile da coltivare. Le erbeprosperano, e sonomeravigliose se provi a coltivarle in vasi. Il basilico ha addiritturailbeneficioulteriore di aiutare con mal di testa e mal di stomaco.

Ingredienti:
1. 1 ½ cucchiaino di basilicoessiccato

2. 1 cucchiaino di miele al naturale

Istruzioni:

1. Prendi una tazza di acquabollente, e versala sopra al basilico. Lascia in infusione per 7-10 minuti.
2. Filtra via ilbasilico, e poi aggiungiilmiele per addolcire. Ovviamente, puoi sempre agiungere anche un mezzo cucchiaino di succo di limone per il sapore.

Thè #7 Thè freddo alla menta &lavanda

Questa è una fantastica ricetta per ilthè freddo chetiaiuterà con qualsiasitipo di stress ed ansiachestaisperimentando. La menta, la lavanda ed illimoneridurranno la tuaansia. È un thè facile da preparare, e puoifarne 2-4 litri per volta. Bevilodurante la giornata per avereirisultatimigliori. Puoiaggiungerealcunebustine del tuothèpreferito per un saporepiùdeciso se vuoi.

Ingredienti:

1. 4 cucchiai di foglie di menta fresche
2. ¼ tazza di fiori di lavandaessiccati

3. 1 cucchiaino di succo di limone fresco
4. 3 cucchiai di miele al naturale

Istruzioni:

1. Prendi due litri d'acqua e portali a debollizione, aggiungi le foglie di menta, il succo di limone ed i fiori di lavanda. Lasciali in infusione per 7-12 minuti.
2. Togli dal fuoco, e filtra le erbe. Aggiungi il miele quando è ancora caldo, così che il miele si dissolva facilmente. Assicurati che esso sia dissolto prima di mettere il thè a raffreddare. Servi con ghiaccio.

Thè #8 Rosmarino&limone

Questo è un composto di terra, ed il miele è un ottimo modo per addolcirlo. È facile coltivare il rosmarino, e puoi usare quello fresco se vuoi. Anche il succo di limone aiuta a funzionare in un attimo. Questi due ingredienti sono tutto ciò che ti serve per buttare giù la tua ansia, ma è meglio berne alcune tazze al giorno.

Ingredienti:

1. 2 cucchiai di rosmarino essiccato
2. 1 limone piccolo a fette

3. 2 cucchiaini di miele al naturale

Istruzioni:

1. Fai bollire una tazza d'acqua, e poi aggiungiilrosmarino. Spremi le fette di limone, ed aggiungileall'infusione. Toglil'acqua dal fuoco e lascia in infusione per 8-10 minuti.
2. Aggiungiilmieledopo aver filtrato le erbe, e bevimentre è ancoracaldo, o se preferisci, fairaffreddare.

Capitolo 4

Sali da bagnocheaiutanodavvero

Fare un bagnocaldotiaiuteràdavveroadassicurarti di rilassarti ed alleviarel'ansia e lo stress.scopriraiche è facile creareiproprisali da bagno, e possonoessergrandiosianche come regali. Conservalisemplicemente in contenitori di vetroermetici, ed usaliquandosentichel'ansiatistamettendotr oppapressione. I bagnicaldisonofamosianche per aiutarti a dormire, cosachepuòalleviarealtrettantol'ansia.

Sali da bagno #1 Sali dellabuonanotte

Avere le giusteabitudini per quantoriguardailsonnotiaiuteràadassicurar ti di far sparire la tuaansia. Scopriraicheavere le giusteabitudinitiaiuteràadalleviare la tuaansia e ad affrontare la giornata con un po' più di autostima. L'olioessenzialeallalavanda è famoso per aiutarti con l'ansia, come constatato prima. Il sale di Epsom è un ottimometodo per rilassareimuscoli ed anchealleviare la tensione.

Ingredienti:
1. 5-8 gocce di olio essenzialeallalavanda
2. ¼ tazzadi fiori di lavandaessiccati e spezzettati
3. 1 cucchiaio di olio di cocco
4. ½ tazzadi sale marinogrosso
5. 1 tazzadi sale di Epsom

Istruzioni:
1. Mescolainsiemetuttigliingredienti, e mettili in un contenitoreermetico di vetro.

Sali da bagno #2 Per far sciogliere stress &ansia

Le rose sonoconosciute per rialzareiltuoumore, e l'olioessenzialeallavaniglia ha lo stessoeffetto. Con questefragranzerinvigorenti, insieme al rilassamentoportatodallalavanda, avrai con certezza un sale da bagnochetiaiuteràcertamente con l'ansia, la depressione e lo stress. È anche un grandioso modo per rilassarsidopo una giornatastressantegrazie al modo in cui ilsale di Epsomaiutiadallentare la tensioneneituoimuscoli.

Ingredienti:
1. ½ tazza di petali di rosaessiccati e sminuzzati
2. 1tazza di sale di Epsom
3. 6-8 gocce di olio essenzialeallalavanda
4. 3-5 gocce di olio essenzialeallavaniglia
5. 2-4 gocce di olio essenzialeallarosa

Istruzioni:
1. Mescolainsiemetuttigliingredienti, e poi mettiilcomposto in un contenitoreermetico.

Sali da bagno #3 Un miscugliorigenerante

Questo è un composto di sali da bagnochetiaiuterà a tirartisu di morale, e, nelcasoavessiqualcheinfiammazione, tiaiuteràanche con quella. L'olioessenziale di eucalipto è meraviglioso per le infiammazioni, e la menta è fantasicanelloscacciareansia e stress, esattamente come la lavanda. Puoisempreaggiungerepiù menta o piùlavanda, in base ai tuoigusti.

Ingredienti:
1. 1 tazza di sale di Epsom
2. 1/4 tazza di sale marinofino
3. 4-6gocce di olio essenziale di eucalipto
4. 8-10 gocce di olio essenzialealla menta
5. 6-8 gocce di olio essenzialeallalavanda

Istruzioni:
1. Mescolainsiemetuttigliingredienti, assicurandotichetuttiglioliiessenzialisiano ben mescolatitraloro. Conserva in un contenitoreermetico.

Sali da bagno #4 Camomilla

Giàsaicheifiori di camomilla e l'olioessenzialeallacamomillaromanasonofamosi per aiutarticontro lo stress e l'ansia. Un'altromeraviglioso modo di utilizzarli è tramiteisali da bagno, ed utilizzarli è anche un fantasticometodo per stabilireanche un ciclosonno-vegliaappropriato. Anche un bagnocaldoaiuta per quantoriguardailsonno. I fioriessiccati ne creanoancheunosplendidocomposto, ilchetisaràd'aiuto se vorraidarneuno in regalo.

Ingredienti:

1. 1 tazza di sale di Epsom
2. ½ tazza di sale marino
3. ½ tazza di fiori di camomillaessiccati
4. 10-15 gocce di olio essenzialeallacamomillaromana
5. ¼tazza di bicarbonato di sodio

Istruzioni:

1. Mescola bene insiemetuttigliingredienti, ed assicuraticheilcompostovengaconservato in un contenitoreermetico di vetro.

Sali da bagno #5 Composto per liberare dall'ansia

Il bergamotto, la lavanda e l'arancia selvatica sono tutte essenze conosciute per alleviare l'ansia, e aiuteranno anche la tua mente ed il tuo corpo a calmarsi quando le userai in un caldo bagno rilassante. Ti aiuterà per prepararti per andare a dormire o per la giornata, e quando gli olii saranno mescolati con il sale, creeranno una magnifica fragranza che sicuramente ti piacerà.

Ingredienti:
1. 1 tazza di sale di Epsom
2. ½ tazza di sale marino grosso
3. 6-8 gocce di olio essenziale al bergamotto
4. 2-5 gocce di olio essenziale alla lavanda
5. 8-10 gocce di olio essenziale all'arancia selvatica
6. ¼ tazza di fiori di lavanda essiccati e sminuzzati

Istruzioni:

1. Mescolainsiemetuttigliingredienti, assuicurandoticheglioliiessenzialisiano ben mescolatitraloro. Conserva in un contenitoreermetico.

Sali da bagno #6 Compostorilassante al limone

Questo è un fantastico sale da bagno che ti aiuterà a rilassarti parecchio grazie alle foglie di thè verde, conosciute per le loro proprietà rilassanti, come il sale di Epson e gli oli iessenziali al limone e all'arancia selvatica. Assicurati che le tue foglie di thè verde siano sminuzzate.

Ingredienti:
1. 2 cucchiai di foglie di thè verde
2. 10-15 gocce di olio essenziale all'arancia selvatica
3. 4-6 gocce di olio essenziale al limone
4. 1 tazza di sale di Epson
5. ½ tazza di sale marino fino

Istruzioni:
1. Prendi mortaio e pestello, assicurati di aver ben sminuzzato le foglie di thè verde e mescola insieme tutti gli ingredienti. Conserva il composto in un contenitore ermetico di vetro fin quando non sarai pronto ad utilizzarlo.

Capitolo 5

Burri per ilcorpochetiaiutano a calmarti

I burri per ilcorpopossonorealmenteaiutarti a calmarti e ad alleviarequalsiasitipo di ansiachepuoi star provando. Sonofacili da applicare, visto chesiapplicanoesattamente come le lozioni. Sonoanche un qualcosachepuoiimpacchettare ed utilizzare come regalo, e spessovorraimetterli in un contenitoreermetico di vetro, il quale è facile da decorare.

Burro per ilcorpo #1 Magnesiomontato

Il magnesio è grandioso per alleviarel'ansia, specialmentenellasua forma oleosa. Ecco ilperchéquestoburro per ilcorposiconcentraprincipalmentesull'olio di magnesio. Comunque, puoiutilizzare un olio essenziale di tuascelta o non metterlo proprio. Anchel'aranciaselvatica è fantastica nell'aiutarecontrol'ansia, ma puoiaggiungere un olio diverso di tuascelta.

Ingredienti:

1. ¼ tazza di olio di coccoextravergine
2. ¼tazza di olio di magnesio
3. ½ tazza di burro di coccoraffinato
4. 10 gocce di olio essenziale di aranciaselvatica

Istruzioni:

1. Fai scioglierel'olio di cocco ed il burro di cocco a bagnomaria. Una voltasciolti e mescoolati, mettili in una scodella di mediedimensioni e lascialiraffreddarefino ad arrivare a temperaturaambiente.
2. Montaliinsieme ed aggiungil'olioessenziale. Metti in frigorifero per 20-25 minuti.
3. Togliilcomposto dal frigo e montaancorafino a farlodiventaresoffice.
4. Per conservarlo, metti in un contenitoreermetico, preferibilmente di vetro.

Burro per ilcorpo #2 Miscuglioallalavanda

L'olio di cocco è fantastico per la tuapelle, ed è ancheun'ottima base per iltuo burro per ilcorpo. Tutto ciòchehaibisogno di fare è mescolarciinsieme un olio essenzialefamoso per aiutarenell'alleviarel'ansia, come quelloallalavanda. Non vorraicertamentemescolarefiori di lavanda, anche se tritati, perchéquestorenderebbeil burro per ilcorpomenouniforme, e non è quella la consistenzachecerchi.

Ingredienti:

1. 10 gocce di olio essenzialeallalavanda
2. 1 tazza di olio di coccoextravergine
3. 2-6 gocce di olio essenzialealla menta

Istruzioni:

1. Fai sciogliere l'olio di cocco a bagnomaria, e poi mescolaglioliiessenziali. Metti in un contenitore e lasciaraffreddarefino ad arrivare a temperaturaambiente. Monta.

2. Metti in frigorifero per 20-25 minuti, e poi togli e monta di nuovo fino a farlodiventaresoffice.
3. Metti in un contenitore di vetro.

Burro per il corpo #3 Rosmarino & salvia sclarea

Questo è un burro per il corpo più semplice, ma ottiene comunque lo stesso effetto quando si parla di ansia. Sia l'olio essenziale al rosmarino che quello alla salvia sclarea sono fantastici nell'aiutarti ad assicurarti di mandar via l'ansia velocemente ed in maniera efficace. Ha un aroma tenue, e l'olio di cocco assicura che il burro per il corpo sia omogeneo.

Ingredienti:
1. 1 tazza di olio di cocco extravergine
2. 8-10 gocce di olio essenziale alla salvia sclarea
3. 4-6 gocce di olio essenziale al rosmarino

Istruzioni:
1. Mescola insieme tutti gli ingredienti mentre li fai sciogliere a bagnomaria.
2. Sposta tutto in un contenitore così da farlo raffeddare fino a temperatura ambiente e monta.
3. Metti in frigorifero per 20-30 minuti, e poi monta ancora prima di spostarlo in un contenitore ermetico per

conservarlofinchénon loutilizzerai o non lo darai come regalo.

Burro per ilcorpo #4 Miscela di erbe

Questa miscela di erbe è grandiosa se stai cercando qualcosa che ti aiuti davvero contro l'ansia. Ciò che la maggior parte delle persone non sa è che anche l'olio essenziale al basilico è meraviglioso nell'aiutare con l'alleviamento dell'ansia, esattamente come il rosmarino. Messi insieme al limone e all'arancia selvatica otterrai un'essenza davvero semplice ed agrumata. Il burro di karitè e l'olio di cocco rendono questo burro per il corpo corposo ma soffice che idraterà la tua pelle e ti risolleverà l'umore scacciando lo stress.

Ingredienti:

1. 1 tazza di burro di karitè al naturale
2. ¼ tazza di olio di coccoextravergine
3. 7-10 gocce di olio essenziale al limone
4. 10-12 gocce di olio essenzialeall'aranciaselvatica
5. 5-8 gocce di olio essenziale al rosmarino
6. 7-10 gocce di olio essenziale al basilico

Istruzioni:

1. Sciogli a bagnomaria l'olio di cocco insieme al burro di karitè. Assicurati di continuare a mescolare affinché il burro di karitè non diventi granuloso. Una volta fatti sciogliere, mettere il composto in una scodella e rimuoverla da fonti di calore.
2. Metti nella scodella gli olii essenziali, e monta il tutto.
3. Metti il composto in frigorifero per 20 minuti o finché non si sia solidificato. Monta nuovamente il preparato finché non sia leggero e spumoso, e poi metti la mistura in barattoli di vetro.

Burro per ilcorpo #5 Miscela di vaniglia&Basilico

La vaniglia è fantastica per stabilizzare il tuo umore, e se l'umore non è stabile sarai più soggetto ad avere attacchi d'ansia ed i tuoi livelli di stress andranno alle stelle. Quando aggiunta al tono dolce eppur semplice dell'olio essenziale al basilico, che non è uno degli olii più costosi, scoprirai che la tua ansia inizierà a diminuire immediatamente. Aiuterà addirittura a migliorare la circolazione sanguigna.

Ingredienti:

1. 8-10 gocce di olio essenziale alla vaniglia
2. 6-8 gocce di olio essenziale al basilico
3. 1 tazza di olio di coccoextravergine
4. ½ tazza di burro di karitè al naturale

Istruzioni:

1. Metti in una pentola a bagnomariail burro di karitè e l'olio di cocco. Sciogliliinsieme e mescolacostantementecosìcheil burro di karitè non diventigranuloso. Una

voltasciolti e mescolatiinsieme, versali in una scodella.
2. Mescolainsieme al compostoanchegliolii essenziali e montailtutto con un frustinoelettrico.
3. Metti la scodella in frigoridero, e lasciariposare per 25-30 minuti. Dovrebbeesserepiuttostosolidoquando lo riprenderai. Monta nuovamentefinché non siadiventato leggero e morbido. Mettilo a cucchiaiateneicontenitori per utilizzarlo in seguito.

Burro per ilcorpo #6 Limone&rosmarino

Sai giàchel'olioessenziale al rosmarino e quello al limonetiaiuteranno a gestirel'ansia, e quandomessiinsiemecreano un miscugliounico e fresco. Tiaiuterà a far diminuire lo stress, ed è l'aromaperfetto per la primavera o l'estate.

Ingredienti:

1. 10-12 gocce di olio essenziale al limone
2. 6-8 gocce di olio essenziale al rosmarino
3. 1 tazza di olio di cocco, extravergine
4. ½ tazza di burro di cacao al naturale

Istruzioni:

1. In una pentola a bagnomaria, mettil'olio di cocco ed il burro di cacao. Assicurati di mescolare di tanto in tanto mentre li faisciogliere, per preveniregrumi. Una voltafattisciogliere, toglili dal bagnomaria e mettili in una scodella medio-grande in cui mescolareinsiemeancheglioliiessenziali.
2. Metti in frigorifero per far indurire. Solitamente, ilprocessorichiede 25-30

minuti. Una voltatoltoilcomposto dal frigorifero, montalofinché non siadiventatomorbido e soffice. Per conservarlo o per regalarlo, mettilo in contenitoriermetici.

Capitolo 6

Rimedi con erbechetiaiutano a liberarti presto dall'ansia

Ci sonoancoraaltririmedierboristicichepuoiutilizzare per aiutarti a controllare e liberartidell'ansia.

L'ansiatibuttagiùl'umore, affligge le tuerelazioni, e colpiscepersino la tuaproduttività. Non lasciarechel'ansiacontrolli la tua vita, ma usaquestirimedierboristicifacili da integrarenellatua vita.

Rimedio #1 Ricetta per il goldenmilk

Il golden milk non tiaiutasoltanto con l'ansia, la depressione e lo stress, ma tipuòaiutareanche con ilraffreddore e l'influenza. È facile da fare, ed è una bevandafreddachepuoi utilizzare. È un rimedio erboristic È un rimedio erboristico che ti aiuterà a rilassarti e a lasciar andare qualsiasi cosa ti stia causando ansia e stress.

Ingredienti:

1. 1 tazza di latte intero

2. 2 cucchiaini di miele al naturale
3. 1/8 cucchiaino di pepe neromacinato
4. ½ cucchiainodi curcuma essiccata
5. ½ cucchiaino di zenzeroessiccato

Istruzioni:

1. Riscaldail latte in una padella a fuoco medio. Assicurati di mescolare in modo da non farloattaccare e per non farlobruciare.
2. Aggiungi lo zenzero, la curcuma e il pepe nero. Mescola bene e lasciailtutto a sobbollire. Permettigli di sobbollire per 2-3 minuti, e poi rimuovi la padella dal fuoco. Mescolailmiele, e metti in una tazza per berecaldo o freddo.

Rimedio #2 Una miscela di oliiessenziali

Sai giàcheglioliiessenzialisono un ottimo modo per liberarti di stress e ansia, e questamiscela è perfetta e facile da fare. Se non hail'olio di cocco, puoiusarel'olio di mandorledolci per avere lo stessorisultato. Alcunepersoneusanoaddirittural'oliod'oliv a come olio vettore per questamiscela di oliiessenziali.

Ingredienti:

1. 1 cucchiaino di olio di coccoextravergine
2. 1-2 gocce di olio essenziale al bergamotto
3. 3-4 gocce di olio essenzialeallalavanda

Istruzioni:

Mescolatuttiquandoinsieme, ed applicasugli avambracci. Puoi anche diffonderlo nell'aria, ma funziona meglio quando applicato direttamente sugli avambracci. Puoiusarequestocomposto una o due volte al giorno.

Rimedio #3 Acqua di rose

Le rose sono medicinali, e molte persone non lo sanno. Comunque, una giusta acqua di rose può aiutarti ad assicurarti che la tua ansia vada via velocemente e facilmente. Ovviamente, le rose selvatiche sono sempre migliori, ma se acquisti rose di serra dal negozio, assicurati che siano cresciute naturalmente. Non vuoi rischiare che ci sia qualche pesticida dannoso nella tua acqua di rose.

Ingredienti:

1. 20-30 petali di rosa freschi
2. 3 tazze di acqua

Istruzioni:

1. Assicurati di aver ben sciacquato i petali, poi mettili insieme all'acqua in una padella. Metti a fuoco medio. Copri e lascia sobbollire finché i petali non abbiano perso completamente il loro colore. Ricordati di mescolare ogni tanto.
2. Filtra i petali e metti l'acqua in un contenitore ermetico.

3. Per usarla, assicurati di applicarla alla pelle, solitamente sul viso. Ha il beneficio aggiunto di essere un tonico.

Rimedio #4 Bagno per i piedi alle erbe

Questo è un bagno per i piedi grandioso nell'alleviare lo stress e l'ansia. Ti aiuterà anche a liberarti della depressione. Il sale di Epsom ti rilasserà e le rose e gli oli essenziali all'arancia selvatica e alla lavanda ti aiuteranno ad assicurarti che il tuo bagno per i piedi sia davvero rilassante. Fallo una volta al giorno, e vedrai che la tua ansia inizierà a sciogliersi e a sparire.

Ingredienti:
1. 10-15 gocce di olio essenziale alla lavanda
2. 6-8 gocce di olio essenziale all'arancia selvatica
3. ¼ tazza di petali di rosa essiccati
4. ½ tazza di sale di Epsom
5. 3 tazze di acqua

Istruzioni:
1. Fai bollire l'acqua, e poi aggiungi i petali di rosa e gli oli essenziali. Abbassa il fuoco e lascia sobbollire per 20-25 minuti. Togli dal fuoco e metti in un contenitore per il pediluvio, aggiungendo il sale di Epsom.

2. Lasciar affreddare leggermente, ed immergi i piedi per 20-30 minuti.

Rimedio #5 Balsamo per calmare l'ansia

Il legno di cedro è anch'esso grandioso per aiutare a ridurre l'ansia, ed è un olio essenziale usato in questo balsamo fantastico. Non è liquido come una lozione, ed è più facile da portare in giro in quanto è più compatto. Ne basta poco per un effetto prolungato, e puoi usarlo durante la giornata per assicurarti che la tua ansia resti lontana.

Ingredienti:
1. 15g di cera d'api grattuggiata
2. 6 cucchiai di olio d'oliva extravergine
3. 1 cucchiaio di magnesium oil
4. 15-20 gocce di olio essenziale alla lavanda
5. 10-12 gocce di olio essenziale al legno di cedro
6. 10-15 gocce di olio essenziale alla vaniglia

Istruzioni:
1. Metti l'olio d'oliva e la cera d'api a bagnomaria e falli sciogliere a fuoco lento. Mescola bene finché i due ingredienti non

sianocompletamenteuniti. Aggiungiglioliiessenziali, e mescolatuttomentretogli dal fuoco.
2. Metti in un contenitore per far raffreddare. Usalosui punti dove sentiilbattito, come ipolsi o ilcollo, quandotisentiansioso o stressato. Per ottenereimiglioririsultati, puoiusarloduranteilgiorno.

Capitolo 7

Abitudini naturali che ti aiutano a liberarti dell'ansia

Anche ciò che fai o non fai durante la giornata influisce sui tuoi livelli di ansia. È importante avere abitudini che ti aiutino a calmarti, ad allentare lo stress, e a mantenere a bada l'ansia. Ti aiuterà persino a evitare la depressione e a renderti una versione più felice e più in salute di te stesso. Molte di queste abitudini sono facili da usare ed incorporare nella tua vita, e ti aiuteranno anche con la tua salute generale. Non dimenticare di sistemare le tue abitudini. Non c'è motivo per utilizzare solo un'abitudine per aiutarti a guadagnare un po' più di controllo sulla tua ansia.

Abitudine #1 Trova il tempo per ringraziare

Potrebbe non sembrare un'abitudine complessa, ma è importante trovare qualcosa per cui ringraziare durante la giornata se vuooiliberartidall'ansia.

Moltepersonedicono di esseregrati senza impiegare un minimo di tempo nelringraziare. Hai bisogno di esseregratoanchequandotuttointorno a tesembracrollare se vuoiche la cosafunzioni.

Questocomprendeanchequando le persone sono scortesi con te o quando sei circondato da infelicità. C'è sempre qualcosa per cui puoi essere grato, ma a volte hai bisogno di pensarci. Sii grato e sorridi, e questopotràaiutare la tuaansia e iltuo stress a svanire.

Abitudine #2 Concentratisu una cosaallavolta

Non concentrartimaisutroppecose se non vuoicaderepredadell'ansia.

L'ansiaarrivadallasensazione di insicurezza o di esseresopraffatti, ilche è facile se provi a fare piùcosecontemporaneamente e non riesci a gestirle. Anche se pensi di potercela fare, è veramentemeglio se ticoncentrisu una cosaallavolta. Questotiaiuteràanche a far crescere un senso di soddisfazione come finisci una cosa e poi un'altra, e questotiaiuterà a sentirtimenostressato.

Abitudine #3 Sii risoluto

Essererisolutitiaiutaadassicurarti di esserecertoriguardo la tuaprossimamossa. Esseresicurisullamossasuccesivatiaiutaade sseresicuro di saperecosastaifacendo. L'ansiaaffondaspesso le radicinellamancatacomprensione di ciòchedovresti fare in seguito. Tirenderàcomplicatomuovertidurante la giornata con sicurezza. Se sei risoluto, l'ansiainizierà a diminuire.

Abitudine #4 Fai una lista

Quest'abitudine è utile per lo stessomotivo per cui lo è essererisoluti. Se saicosastaifacendo, allora non c'èragione per essereansiosi o spaventati di ciòcheaccadrà in seguito. Vorraianchesaperecosarealizzare, e questotievitarà di lasciarti la sensazione di non averconclusonulladurante una giornata. Eviteràanchechetisiaccumulino le cose da fare. Quando le responsabilitàinizianoadaccumularsi, allora sei piùportato a sentirtisopraffatto, e questo può avere un effetto negativo su ciò che provi o pensi di poter fare durante la giornata. Togliendo dall'equazione quella sensazione di essere sopraffatto, ti sentirai più sicuro, felice e libero dall'ansia.

Abitudine #5 Medita occasionalmente

Meditare ogni giorno sarebbe glio, ma molte persone non hanno il tempo per farlo. Comunque, è questo ciò verso cui dovresti puntare. La meditazione è famosa per aiutare ad allentare qualsiasi sensazione di ansia, stress, o anche depressione. Qualsiasi tipo di meditazione è importante. Puoi scegliere il tipo di meditazione che vuoi, e ti aiuterà ad assicurarti di iniziare a centrare te stesso.

Quando troverai il tuo centro, starai cancellando lo stress e l'ansia.

Ti aiuta ad accettare le tue emozioni e ciò che ti preoccupa, e può persino aiutarti ad alleviare la tensione dai muscoli. Anche semplicemente una meditazione respiratoria va bene. Molte persone trovano utile farla durante la mattina o la sera, ma puoidavveromeditarequandovuoinellagiornata, e non haibisogno di star seduto a gambeincrociate. Assicurati di essere in una zona tranquilla e con indossodeivestiticomodi, in un posto in cui non devipreoccuparti di essereinterrotto.

Abitudine #6 Distraiti

Tuttiquanti a volte hannobisogno di una buonadistrazione, e questoaccadeperché una buonadistrazionepuòtenere sotto controllol'ansia. A volte, non haibisogno di tuttoquel tempo per pensare. Se staipensandotroppo a qualcosa, piùcheprobabilmente ci stai solo rimuginando. Cancella le pauredistraendoti con qualchepassatempo se tisentitroppoansioso per qualcosa. Leggere, ricamare, cucire, pirografare o qualsiasicosachetupossa fare con le tuemanisolitamente è ottimo come passatempo. Tiaiuteràadassicurarti di non starpermettendoall'ansia di prendereilcontrollo e comandaresullatua vita.

Abitudine #7 Usa un mantra

A volte, quandoqualsiasialtrometodofallisce, un mantra puòessere di estremautilità. Un mantra è una rassicurazione verso testesso, quindiavernepiù di uno è altrettantobuono. Di' a testessochesaraifelice o chemanterrai la salute. Di' a testessochehaistima di te o che sei libero dall'ansia. Mentre lo ripeti, tiaccorgeraichesaràsemprepiùd'aiuto.

Spesso, ripetere un mantra davanti ad unospecchitiaiuteràadassicurarti di credere davvero a ciòchestaidicendo. Puoiripetereiltuo mantra durantequalsiasisituazionestressantenellagiornata. e puoidirlo a testessoanche prima di uscire per affrontare la giornata. Questotiaiuteràadaumentare la tuaautostima.

Abitudine #8 Vestiti per far colposutestesso

Tutticonoscono la frase "vestiti per far colpo," ma haibisogno di vestirti per far colposutestesso se vuoialleviareimmediatamentel'ansia. Se tisentisicuro di ciòcheindossi, alloratisentiraimenoansiosodurante la giornata. L'autostimasicollegadirettamenteadaiutartiadesseresicuro di saperecosastaifacendo e di come staandando la giornata. Non haibisogno di esseresemprevestito bene, ma non dovrestimaiindossarequalcosache non tipiace o che mina la tuaautostima.

Abitudine #9 Ricordatichepasseràtutto

A volte haibisogno di un promemoria se vuoisentirtimeglio. Questovuol dire chepotresti aver bisogno di ricordare a testessocheanche una bruttasituazionepasserà.
Ricordartichequalcosastasemplicementepassandotiaiuteràadattraversarla e ad ottenereun atteggiamentopiùpositivosuquellasituazione. Altrimenti, potrestisentirti senza speranze. La disperazione è iltuopeggiornemicoquandoprovi a liberartidall'ansia.

Abitudine #10 Il giusto ciclosonno-veglia

Anchetrovare la giustaquantità di sonnotiaiuteràglobalmente a sentirtimenoansioso. Tiaiuterà a sentirechepuoiaffrontare la giornata, e se sei ben riposatoriusciraiadalleviare lo stress. Questovuol dire che, in quantoadulto, dovrestidormire 8-9 ore a notte. Questovuol dire chetidovrestisvegliarepiù o menoallostessooraioognigiorno.

Anchestabilire una routine è una tecnicadimostratacheaiutaadalleviare lo stess e l'ansia. È altrettantoimportantedormirequandofuori è buio. Se dormiduranteilgiorno, saraipiùportatoadaveredegli incubi, iqualicontriuirannosoltantoadaumentare lo stress e l'ansia.

Capitolo 8

Ulteriorimodi per aiutarti a controllarel'ansia

Ci sonoancoramoltirimedinaturali ed erboristici per aiutarti a controllare la tuaansia, quindi non c'èmotivo per utilizzare medicine da banco o prescritte. Prendituilcontrollosullatuaansia per riprenderti la tua vita, e scopriraichequestotiaiuteràancheadavere una vita piùfelicementreanche la tua salute ne gioverà. Non lasciarechel'ansiacontrolli la tua vita.

Consiglio #1 Prenditi del tempo per testesso

Se vuoidavveroaiutarti con lo stress e l'ansia, unodeimodimigliori e piùnaturali per farlo è prenderti tempo per testesso. Non importadavverocosafai, ed è qualcosa di più di una semplice distrazione. Dovrestiavere del tempo nellatuagiornata per concentrartisutestesso, e questotiaiuteràadalleviarel'ansia. Questo tempo lo potraisfruttare per lo yoga, per la musica, per un massaggio, o per qualsiasitecnicarilassante a cui puoipensare. Il tempo consigliato è trai 30 e i 60 minuti, e a moltepersonepiaceprendersiquesto tempo poco prima di andare a dormire, ilchetiaiuteràanche a dormiremeglio.

Consiglio #2 Contafino a dieci

Quandotiaccade di essere in una situazionenella quale tuttotirendeincredibilmenteansioso, vorraiprenderti un momento per rilasciarel'ansia se vorraivalutare la situazione a mente lucida. A volte è semplice come chiuderegliocchi e respirareprofondamentementrecontifino a 10. Se tisentiancoral'ansiaaddosso, contaall'indietrofino a 0. quandoapriraigliocchi, dovrestiessere in grado di allentarel'ansia, e questotiaiuterà a gestiremeglio la situazione.

Consiglio #3 Accetta la perdita del controllo

Non puoisemprecontrollare la tua vita, e a volte devisemplicementeaccettarlo. Ci sonomoltecosechepuoicambiare, e ci sonoaltrettantecoseche non puoicambiare. Accettarel'esistenzadellecoseche non puoicambiaretiaiuteràadassicurarti di non sentirtitroppostressatosu di esse. Questotipermetterà di reindirizzare la tuaattenzione verso ciòchepuoicambiare, così non sprecheraienergie.

Consiglio #4 Consentiti di ridere

Tuttisannochequandosi è di malumore non si ha semprevoglia di ridere, ma a volte devifarlo. Una buonarisata è un ottimorimedio per scacciarel'ansia, e tiaiuterà a sentirtimeglio quasi istantaneamente. Avereaccantoqualcuno in grado di fartiridere è sempreun'ottimacosa, ma tiaccorgeraichescoprireiltuosensodell'umo rismotiaiuterà di piùsulungo periodo. Devi trovarequalcosachetifacciarideranchenell ecosebrutte, visto cheridere e sorrideresonoimodimigliori per controllare lo stress e l'ansia.

Consiglio #5 Stabilisci una routine

Una routine non è certamente per chiunque, ma se tisistannoaccumulandoaddosso stress e ansia, alloradovrestivolerstabilire una rroutine. È spessomeglio se tiassicuri di averequalcosasu cui contare. Anche le tueabitudini per alleviarel'ansiapossonodiventare una routine. Ad esempio, una routine sull'orario per andare a dormiretiaiuterà, ma anchemangiaresempreaglistessiorari è un altro modo per aiutarti. Stabilirequalcosasu cui puoicontaretiaiuteràadalleviareilsensod'in certezza.

Consiglio #6 Imparaqualisonoituoi "grilletti"

Se staidiventando molto ansioso, potrestivolerprovare e conoscerequalisonoituoi "grilletti." Tutti ne hannouno. A volte è la gente, altre volte un luogo, o persino un alimento. Notaqualisono quelle cosechetifannoarrabbiare, e poi eliminaledallatua vita. Non c'èalcunmotivo per permettere a qualsiasicosa di innescare la tuaansia, in quantoquestopotrebberovinare la normalitàdellatua vita. Se non sai come identificare le tue cause scatenanti, vorraimantenere un diario. Questotiaiuteràadassicurarti di essere in grado di identificarle.

Consiglio #7 Scaccia le influenze negative

Hai bisogno di prestareattenzioneallepersone di cui ticircondi se vuoitrovare un modo per alleviarel'ansia. L'ansiapuòpeggiorarequandoc'ètroppanegativitànellatua vita. Questosolitamenteavviene a causa delleinfluenze negative nellatua vita, quindiassicurati di non esserecircondato di persone negative. Potrestiaddiritturaarrivare ad una depressionecronica se non faiqualcosa per liberartidallanegativitàpresentenellatua vita. Se non puoievitare le persone negative, alloraprova a minimizzareilpiùpossibileil tempo da passare con loro.

Consiglio #8 Suda

A volte hai solo bisogno di sudar via la frustrazione. Fare esercizio è il modo giusto. Solitamente è meglio se tialleni per almeno 30 minuti al giorno per 5 giorni a settimana. Puoi fare una lungapasseggiata, jogging, kickboxing, o semplicementeandare in palestra. Non importa in che modo tialleni, ma fare esercizioti aiuterà.

Parte 2

Introduzione

Cos'è l'ansia?

La domanda che feci al me stesso di diciassette anni fu: perché mi preoccupo? E cos'è l'ansia? Da dove veniva e com'era iniziata? Erano molte domande, ora che ci ripenso.

Forse non lo esprimevo nelle domande che mi pongo adesso, ma c'è stato un momento in cui pensavo solo a restare dentro casa perché il mio corpo diventava un disastro disfunzionale quando dovevo interagire con altre persone in situazioni in cui c'erano grandi folle. Conosco delle persone che dicono senza problemi di evitare i centri commerciali senza nessuna ragione.

Al giorno d'oggi, potrebbe essere per via di cosa vediamo sui telegiornali e nel mondo. È difficile che al telegiornale non ci sia una notizia in cui non si parla di terrorismo o di bombardamenti, come la bomba a Londra, o l'episodio in cui un uomo armato a Parigi ha ucciso dei civili in un giorno qualunque. Queste situazioni scatenano molti sintomi di ciò che viene erroneamente chiamata "malattia mentale". Uno stimolo per i pericoli dell'uscire fuori di casa ed essere vittima di un attacco con l'acido solo perché sei gay o ti vesti in un certo modo. Anche alzarsi la mattina e realizzare che ti senti completamente inadeguato per le persone che ti passano accanto, come una continua passerella. Perché, siamo onesti, quando camminiamo accanto alle persone per strada, la prima idea che ci viene in mente quando facciamo o evitiamo il contatto visivo è il loro aspetto esteriore. O la loro struttura facciale. Il modo in cui camminano, il loro portamento, o come si comportano quando cercano di apparire normali. Molte cose contribuiscono ai modificatori di ansia acuta e per me fu così: mi sentivo sempre a disagio perché ero nella fase del sapere. Sapevo di essere un individuo a cui era stato insegnato il significato della normalizzazione. Quando ci preoccupiamo di noi stessi e della persona che ci sorpassa, o che è dietro di noi, è strano agitarsi pensando che questa persona sia o meno sicura. Non siamo mai al sicuro, e immagina di andare a un concerto: pensa ad Ariana Grande e alla scoperta che c'è una bomba nell'edificio e il colpevole è entrato dalle porte sul retro a causa di una sicurezza inefficiente. O quando quella youtuber è stata uccisa davanti a tutti. Non possiamo mai sapere quanto queste cose siano messe in atto dal governo stesso che vuole metterci nella tomba del controllo, o se le persone sono profondamente disturbate e miserabili. L'infelicità è una cosa brutta da provare, soprattutto quando sei giovane e in una casa in cui gli abitanti, la tua famiglia, sono noti per abuso e comportamenti irregolari. Quello a cui voglio arrivare con questa introduzione è che l'ansia è un seme piantato dal momento in cui siamo nati, vestiti, marcati con il nome di un governo, e poi cresciuti per adattarci. È un problema creato dall'uomo, e peggiorerà soltanto per come il mondo si sta sviluppando.

La paura delle api, sull'orlo dell'estinzione, chi avrebbe mai pensato che potesse succedere. Esseri umani incapaci di proteggere le altre creature che hanno un posto su questo pianeta. Abbiamo bisogno delle api. Ne abbiamo bisogno per impollinare. E solo ora, attraverso la preoccupazione, le persone hanno iniziato a impegnarsi e vogliono salvare le api. La stessa cosa per i rinoceronti, e i bracconieri che li stanno uccidendo in nome dello scambio sul mercato. È una realtà triste, e le persone devono capire che tutto ciò che vive quideve nutrirsi e riprodursi. Perché abbiamo la fertilizzazione? Gli scarti animali cosa producono per la terra? Domande che sono state pesantemente ignorate. Non affermo di avere tutta la conoscenza, ma quando ripenso alle mie paure e fobie, come ho potuto non pensare a quello che bisogna fare per salvare questo pianeta e noi stessi.
È tutto connesso, vedi. Come una catena che scorre lungo l'Europa, l'Asia, l'Africa. Non è soltanto il problema di un singolo, è

il problema di molte persone che sono sulla stessa barca con le difficoltà quotidiane. Dargli un'etichetta lo rende più comprensibile, ma comunque sono ancora spaventato dall'uscire di casa per l'illusione che mi accadrà qualcosa di brutto. E non riesco a evitarlo. Pensarci era intossicante. E permettimi di usare l'esempio di una persona che aveva degli attacchi fino al punto di non essere più in grado di badare a suo figlio. La radice, era quello che doveva risolvere, e nessuno psicologo era riuscito ad affrontare la sua principale discendenza provocatoria. Non è una storia con cui molti possono relazionarsi, o forse possono e io sono in errore, ma lei ha sofferto tanto che il suo bambino di 10 anni ha cercato aiuto. Ha perso la voce anche se era una persona dalle forti opinioni. Era estroversa, allegra, una persona che illuminava la stanza e faceva ridere tutti. Era sempre la protagonista e le persone volevano parlare con lei. Non solo perché era una bella donna, ma era una persona originale tra

molti fantocci che pensavano di dover essere qualcos'altro. E davvero, non molte persone spiccano in questo modo. Aveva un'amica-nemica, e ne esistono molte più di quanto vogliamo ammettere. La attaccava sempre quando era di cattivo umore. Sì, era quello l'obiettivo della sua amica. Le persone entrano nelle nostre vite per una ragione, buona o cattiva. Per insegnarci a sfruttare, a ferire o per guadagnare. Nessuno è per caso, e più lo ammettiamo, più facile sarà accettare i regali o i maltrattamenti che ci recano quando entrano nella nostra orbita. La chiamerò CC, perché sono le sue iniziali. CC stava attraversando un periodo particolare dal momento che voleva essere molto schietta. E quando in quel periodo è stata colpita dalla merda, scusa l'uso della parola, ma era letteralmente merda nella forma della sua sicurezza quella che l'ha colpita, gettata dalla sua amica che aveva le armi per ucciderla. Ha distrutto l'unica sicurezza che aveva, la sua pace interiore.
CC non aveva pace interiore. E quello che

scegliamo di ignorare, ritorna più forte ed è più difficile da risolvere. E talvolta ci ostiniamo a rimandarlo via e a scavare nel fango del "va tutto bene… va tutto bene." Nel silenzio non mi fa del male, quindi non c'è motivo di occuparsi dei problemi che penso siano risolti. Sbagliato. È come un vampiro succhia-energie: presto o tardi, raggiungerà te e le tue fondamenta instabili, facendo crollare la struttura che hai costruito.
E CC è crollata con un colpo così duro che lei non credeva potesse esistere. Brutale e crudele per natura. Portando via tutto quello che lei aveva costruito. Rompendo i cardini che la chiudevano e la tenevano al sicuro. Vedi, come l'ansia, quando scegliamo di creare qualcosa attorno a quel malessere interiore, non abbiamo basi solide per continuare a sviluppare. E questo significa che quando arriva la tempesta, distruggerà tutto quello che abbiamo cercato di sostenere. Capisci ciò che voglio dire? Una casa non può restare in piedi, e sarebbe abbastanza debole da essere soffiata via dal lupo,

perché è fatta di paglia e il suo respiro è più potente delle tempeste che fanno perdere a una persona l'equilibrio. Quindi, dovrai ricominciare. E con tutta l'energia che aveva impiegato da quando era giovane, fino a diventare una giovane donna con un figlio e un lavoro, si era impegnata tanto per coprire la bugia. E quindi, CC era un'ombra della vecchia sé: intrappolata nella sua gioventù e provata da un'amica su cui aveva sempre potuto contare, anche se era un uovo marcio che CC non voleva rompere per vedere. Beata ignoranza. E la sua amica contribuiva ai momenti negativi senza sforzo rispetto ai momenti positivi per CC. Allora cosa fare? Molti le avrebbero detto di sbarazzarsi dell'amica che non aveva un posto nella sua vita. Ma si potrebbe controbattere che l'amica potesse essere il simbolo di quello che CC non aveva mai affrontato. Svolgere un codice che non era mai stato criptato e crackato. E se quel vampiro non fosse presente, CC avrebbe visto ciò che era rimasto senza risposta? Purtroppo, come me, un amico tossico

può essere quello che emaniamo per completa riluttanza della nostra vera immagine. Un amico negativo, per noi, può essere il rimedio per salvarci. Un partner che ci soffoca mentalmente può essere quello che ci serve per costruirci sostanzialmente. Una dura lezione, come dice Jay'Z: di 99 problemi questa stronza non lo è. Un buon titolo, perché di tutti i problemi che il rapper ha, la sua donna non è la causa principale.
Siamo noi stessi, capisci, non l'amico cattivo che sta in agguato con un rimedio da distruggere. Inconsciamente lasciamo che quello che cerchiamo entri nelle nostre vite. E non deve essere solo da un punto fermo da cui facciamo contatto visivo, dialoghiamo, e poi ci sottomettiamo al verdetto dell'altro, promossi o bocciati. No. Potrebbe anche solo essere il connettersi all'odore di un altro che contribuisce all'attrazione. Come quando un animale manda segnali di accoppiamento e struscia la coda su un albero in modo che un maschio avverta l'odore della femmina pronta ad

accoppiarsi.

Anche in amicizia facciamo la stessa cosa, fino a un certo punto. Godersi la vista di un amico attraente, uomo o donna, e la loro compagnia è uno stimolo per il nostro status sociale oppure semplicemente ci piace la loro compagnia. L'ansia può essere una scelta, non voler procreare con noi stessi è una mancanza di consapevolezza di sé.

Il motivo per cui ho menzionato la procreazione con noi stessi è perché è vitale farlo quando arriviamo ai vari momenti fondamentali delle nostre vite. CC non era la stessa persona di quando aveva quindici anni, e, ora che ne ha trentadue, molte cose hanno contribuito al suo stile di vita e ai cambiamenti che arrivano con l'età.

Ora farò una lista dei problemi che CC ha affrontato in ordine cronologico:

- Scarsa autostima
- Scarsa fiducia in sé stessa
- Difficoltà nel respirare e nelle sue capacità mentali

- I brividi quando un altro uomo o un'altra donna si avvicina
- Non è in grado di riconnettersi con sé stessa e lo ha trasferito a suo figlio
- Fuma eccessivamente e usa degli stimolanti per migliorare l'umore
- Perdita di interesse nel mangiare e bere
- Perdita di peso
- Caduta in pattern anti-sociali
- Non è più in grado di dire la verità
- Vive in una bugia
- Lunatica, triste, sbalzi d'umore, stanca anche solo di alzarsi la mattina
- Depressione quasi arrivata a esperienze mortali

È andata così male. Presto, la depressione è diventata la sua etichetta, e quando arrivi a quel punto, non è comunque un punto morto. CC aveva ancora delle scelte. Poteva ancora uscire dalla fossa in cui era repressa sotto tutte le cicatrici che portava e affermare comunque che ci era riuscita da sola, non con Gesù. Non voglio minimizzare la religione, abbiamo tutti il nostro modo per affrontare lo stress di tutti i giorni. La religione è la condotta della verità di un altro uomo, ma non è di questo che parla il libro. CC ha trovato la sua verità, ma questo riguarda la radice, e la radice è nel suo disordine interiore. Lo dirò di nuovo, il disordine interiore di molto tempo prima. Ed è questo che devi cercare quando provi delle contrazioni simili a quelle del parto quando esci dalla porta e scopri di aver eretto migliaia di restrizioni che non dovrebbero esserci. Avevo dato a me stesso così tante X che sono arrivate ai raggi del sole che avrebbero potuto disintegrare il mio corpo, come Dracula se avesse visto il sole. Centinaia di strati di vestiti, e anche gli occhiali da sole, così avrei potuto evitare di guardare la gente direttamente negli occhi. Avvolto nei panni più brutti per evitare di essere visto. CC era come me, e comunque sembrava malnutrita sotto cinque magliette e tre paia di leggings quando suo figlio non prendeva l'iniziativa e le prendeva la mano quando camminavano per strada. E talvolta CC correva a casa, incapace di andare avanti dopo tutto lo sforzo speso per lasciare la casa e affrontare il mondo. Triste. Ed oggi, penso ancora che CC stia rimettendo in ordine la vecchia sé, ma con nuovi elementi che lasceranno la sua offesa ticchettare finché non esploderà con quello che conosceva. Ma questo richiede tempo e impegno. Devi reinvestire ciò che hai perso. E devi partire dalla radice ed arrivare fino alla lingua che esegue la sicurezza e una nuova fase dell'esistenza. La sua amica non c'è più, quindi lei contribuisce alla negatività tramite la sua amica, ma comunque ricorda sempre che quello che porta fuori l'oscurità è parte dell'equazione che la vita voleva che tu vedessi. CC non ha maledetto la perdita di negatività, non più. Essendo la persona che è, mi ha detto con parole sue che quello che ha imparato da X, di cui non farò il nome, è che - "Eravamo entrambe cattive. Perse nei nostri mondi con me oratrice e lei spettatrice. Ci completavamo con il nostro sforzo di essere ciò che avevamo creato fuori dai guai in cui eravamo cresciute. Lo avevamo entrambe. Come altre persone che subiscono molto di peggio: la mancanza di sicurezza, unità, famiglia, e la giusta guida a mostrarci che la nostra voce è tutto ciò che abbiamo contro miliardi di persone che ti vogliono come loro. Ma il motivo per cui è riuscita a demolirmi è stato perché io ero di un passo più vicina a coprire i miei demoni interiori. Lei era molto più indietro di me. E la gelosia si è manifestata e si è arresa al suo odio per me. Avevamo un odio-amore. Eravamo in grado di distruggerci a vicenda peggio degli amanti che avevamo all'epoca. Un'amica che non volevo perdere neanche se mi aveva reso estremamente malata. E alla fine era colpa mia. Non ho mai avuto una sorella, sai, e se l'avessi avuta, sarebbe comunque stata lei. Perché mi ha insegnato molto su come correre su una gamba sola per allontanarmi da tutto. Incapace di arrivare al traguardo perché gli ostacoli erano troppo comuni e troppo ripidi per viaggiare con i piedi a terra. Avevo bisogno di imparare che la mia dipendenza dalla distruzione, anche se le persone mi vedevano come questo completo disastro amante del divertimento, sarebbe stata permanente finché non avessi gettato la benda e mi fossi arresa a quell'addio dato che aveva distrutto la mia psiche. Quindi, questo è il mio consiglio per coloro che si stanno ricostruendo, come io faccio costantemente: arrendetevi alle vostre paure e troverete una via d'uscita dalla barricata che vi ha bloccati."

Capitolo 1

Capire l'ansia

La definizione del dizionario sarebbe questa: un sentimento di preoccupazione, nervosismo, disagio riguardo qualcosa che ha un risvolto sconosciuto. Partiamo dal sentimento di preoccupazione, e quello che fa per indebolirci. Quando ho visto il film "Apocalypto" nel 2006, c'era una battuta che Lupo Zero, il padre di Zampa di Giaguaro, disse che mi viene in mente quando penso a far entrare questa emozione che sta insieme al processamento cognitivo che è rilasciato quando misuriamo i limiti della nostra sicurezza nell'ambiente in cui viviamo. Ecco la conversazione tra Lupo e Giaguaro quando avevano visto le persone nella foresta che barattavano il pesce per il passaggio e la carne. Erano tornati al loro villaggio.

...

Cielo di Selce: Quelle persone nella foresta, che hai visto in loro? Zampa di Giaguaro: Non capisco.

Cielo di Selce: Paura. Marcescente e profonda paura. Ne erano infettati. Vedi? La paura è una malattia. Striscia nell'anima di chiunque la affronti. Si è già insinuata nella tua pace. Non ti ho cresciuto per vederti vivere nella paura. Scacciala dal tuo cuore. Non portarla nel nostro villaggio.

...

Sostituisci paura con preoccupazione, e l'infezione ancora abita e debilita l'anima nello stesso modo in cui la paura può darti in pasto agli avvoltoi che ti attaccano dall'alto. Distrugge l'armonia che una volta conoscevi, e dà ai tuoi recettori motivo per preoccuparsi, perché non sei più a tuo agio davanti alla prospettiva di qualcosa di male in arrivo.
Zampa di Giaguaro – nonrovinerò il film a coloro che non l'hanno visto – maZampa di Giaguaro ha tutte le ragioni per preoccuparsi e fidarsi del suo istinto, che deriva dal vedere quelle persone che scappavano da un incidente. Suo padre aveva molta ragione riguardo quello che può fare a una persona quando apre la

porta davanti a un diluvio che la annegherà e la lascerà lì ad annaspare fino in cima perché non siamo un pesce con le branchie che ci tengono sott'acqua. Molti vogliono essere superumani, quando si parla di preoccupazione. Potrebbe non essere ancora una malattia, quando inizia, facendo piccoli passi nella tua direzione, semplicemente salutandoti e facendoti l'occhiolino finché non l'accetti come nuova amica. La preoccupazione non dovrebbe mai essere fatta complice. Se si intromette nei tuoi movimenti e ti lascia paralizzato, perché portarla con te? Ci preoccupiamo di non aver controllo del circolo vizioso. Prendi il tuo indice... fai ruotare quel dito ancora e ancora e immagina il loop invisibile che stai creando mentre lo fai. Quel risucchio distorto prende una forza che può assomigliare a una bolla di protezione che abbiamo quando usciamo nel mondo. E cosa accade quando smetti di ruotare il dito? Quella forza sparisce, quella protezione si blocca, e quello che rimane è l'ingresso nel tuo campo minato.

Molte cose possono entrare quando resti senza difese, e la preoccupazione è una di quelle emozioni che possono attaccare quando meno te lo aspetti. Ma il corpo è equipaggiato per aiutarti se decidi di esercitarti e ottenere più conoscenza su come farlo. La preoccupazione può essere gestita meglio di Zampa di Giaguaro, che ha avuto una personalità preoccupata da quel punto del film in poi, non ha più avuto pace.
Controlla ciò che ti preoccupa. È il tuo corso di laurea? Gli esami? Una relazione che va male? Una malattia? Internet può darti informazioni sbagliate e portarti a pensare che il cancro sia la ragione per cui hai dei bozzi sul collo e dei linfonodi gonfi. Concediti di essere aperto alle forze positive che possono arrivare quando la preoccupazione attacca in quell'ora fatale. Un segreto che voglio condividere è che la preoccupazione è programmata per essere usata come un telecomando. Non per prendere il controllo fino a invischiarsi in una nuova relazione, cosa che potrebbe accadere se ti preoccupi che potrebbero

tradirti come l'ultimo uomo o l'ultima donna che hai avuto. O la preoccupazione di aver fallito innumerevoli volte quell'esame di matematica e non c'è verso di riuscirci. E la preoccupazione che se mangi in un certo modo di fronte alla persona che ti piace, tu non piacerai più a loro.
Rendi la preoccupazione una componente da cui innalzarti. E per farlo, devi applicarla nel modo corretto, in modo che se arriva, allora può essere affrontata come un giocatore di football americano che corre per il punto. Non dico di combatterla finché non sei uno con te stesso. O di ignorarla sciocamente se cammini in un corridoio e ti senti osservato o seguito. Sii intelligente in quello che fai, ma non lasciare che ti impedisca di arrivare al livello successivo.
È come ruotare il dito, puoi diminuire o aumentare la grandezza della tua barriera: scacciando il male lontano da te. Immagina una racchetta da tennis e niente da colpire. Prendi la preoccupazione, fai qualche passo indietro e colpiscila in

pieno. Trova un modo per farlo e vedi quanto arriva lontano grazie a te. Ricorda: fai quello che devi fare, e poi preoccupati.

Nervosismo... quando una mia amica mi ha detto di avere un disordine nervoso, mi sono chiesto cosa diamine fosse. Un disordine nervoso? Pensavo che fosse un po' esagerato e diagnosticato con facilità. Se qualcosa è un disordine, allora è uno stato di confusione. Allora, la mia amica è in uno stato di confusione da cui non può uscire? Il nervosismo è un disordine del sistema? O è la confusione di colui che l'ha definito come una disfunzione? Ognuno ha le proprie credenze, questo non lo metto in dubbio. Ma il nervosismo è una cosa così normale e banale da contrattaccare e dichiarare che sia un disordine è sbagliato. Innanzitutto, nervoso deriva da sistema nervoso. Penso che i due vadano di pari passo, no? Stanno così bene insieme. Non c'è disarmonia nel suggerire che il nostro sistema nervoso abbia a che fare con le nostre abitudini nervose.

Abitudini alimentari nervo-se. Tendenze nervo-se nell'avere a che fare e socializzare con i coetanei e i colleghi. Nervo-si quando saliamo sul palco e cantiamo una canzone o leggiamo un'opera letteraria. Una cosa divertente da citare sarebbe Cardi B, non giudicarmi per la scelta del personaggio. È davvero una personalità che a molti non piace per via del suo background da stripper e la sua tendenza a dire tutto ciò che le passa per la testa. Questo è ciò che le persone devono capire: essere sé stessi, e davvero se stessi, è un nervo che perdiamo lungo la via dell'auto-accettazione. Ma a Cardi B non manca, anche quando ha a che fare con dottori e artisti professionisti dei talk-show, che sono molto nervosi nell'avere a che fare con una donna così sfacciata e che parla in maniera grezza. È schietta, e non come la società pretende, siamo realisti. E non sono fuori tema quando si parla di nervosismo. Quando entri in un bar e tutti ti guardano, non ti senti al centro del palco e messo nel radar del

giudizio altrui?
E quello è nervosismo, giusto? Comportati in un certo modo. Siediti in un certo modo. Esibisciti come tutti gli altri finché un errore ti fa sentire così a disagio quando tossisci perché la stanza è silenziosa. O quando sei al telefono e parli a voce un po' troppo bassa per non sembrare fastidioso. È difficile per me vedere e sentire, quando sento la musica e devo trattenere il bisogno di scuotere tutto il corpo quando la musica mi colpisce da dentro. Voglio sfogarmi e trovare anime affini è una benedizione nascosta.
Ma ritornando al mio punto nell'usare Cardi B come modo per spiegare il nervosismo: quando ha parlato di salire sul palco, ha detto questo all'inizio, quando esce fuori e deve esibirsi con una delle sue canzoni; non ascolto la sua musica, quindi non so quale canzone citare, ma quando esce fuori si ritrova ad essere inflessibile. Poi porta la sua mente in una zona in cui dice, "queste persone sono venute a vedermi, quindi, qual è il peggio che può succedere?"

E questa è l'attitudine giusta per il tuo nervo-si-smo. Stai mandando segnali che disturbano il flusso della negatività. E facendolo, riuscirai a volare via, come ha cantato Lenny Kravitz. Il suo modo di affrontare i nervi è chiedersi perché è lì e legarlo alla sua chance di brillare: godersi la sua performance per la folla che ha pagato per vederla dal vivo. Amate Cardi o odiatela, è un buon consiglio che viene da qualcuno che riceve parecchio odio. Realizzare qual è il peggio che possa succedere è una domanda molto rilevante per ogni situazione? Potrei fallire? Ma qual è il peggio che potrebbe succedere? Potrei perdere il lavoro? È questo il peggio? Non sarò in grado di trovarne un altro? Se so di avere le qualificazioni, la determinazione e la motivazione, cosa mi ferma dal trovarne un altro?Sono odiato. È questo il peggior risvolto? È una buona cosa avere chiaro qual è il male prima che possa causarti stress. La probabilità che potrei restare per strada è lì, ma se resto positivo, riusciranno a tirarmi fuori dalla routine? A nessuno va così male. Ad alcuni sì. Ad altri no. Sei bloccato in un paese del terzo mondo senza acqua, cibo, vestiti, o preoccupato per la guerra? Se la risposta è sì, allora il mio cuore ti è vicino, ma comunque c'è sempre speranza e il povero bambino che sorride con i suoi amici mentre giocano con una pietra perché non possono comprare una palla da football è karma positivo che ricopre quei bambini. Danno valore al poco che hanno con la felicità. Il vagabondo che mi offre una patatina anche se è tutto quello che ha con un sorriso in volto, sta facendo più giustizia ai diritti, ignorando coloro che hanno molto e sono egoisti. Il nervosismo che deriva dal non avere un letto la mattina lo ha abbandonato, non dà più valore alle cose attaccate al mondo. È il motivo per cui molte di queste persone camminano disincantate da come gli altri le percepiscono. Anche se sono sporchi e incasinati. Alcuni scelgono questo stile di vita, sì, forse se il mondo non fosse così, stare in strada sarebbe un'esperienza sana, ma non è di questo che parla il libro.

Dove voglio arrivare con tutto questo? In cucina, ovviamente. Per tutti i lettori che possono capire e cucinano una pietanza per sconfiggere la più piccola emozione. È normale essere nervosi. Un primo appuntamento. Un primo bacio. Una persona che ti piace. Una corsa. Qualsiasi cosa tu scelga, chiediti l'abbreviazione I... P... S... che sta per:
Io
Posso
Sistemarlo.
Puoi sistemarlo?
Ecco un testo:
Perché ogni volta che ti ho vista ero nervoso
Con i brividi e le ginocchia tremanti
E come ogni altra canzone che non ho ancora sentito
Non conoscevo le parole di fronte a me
Di fronte a me, e oh
Ma non voglio saperlo
Non dare al nervosismo lo stesso trattamento di James Gavin, anche se gli piaceva davvero la ragazza. Allineati con l'argomento, chiediti cosa c'è di così

sbagliato e considera che non c'è bisogno di dipingere un capolavoro di disillusione. Concentrati... Affrontalo... Resta in piedi... e regolati finché non arriva la profezia che non è assolutamente niente per cui agonizzarsi.

Ora arriviamo al disagio riguardo qualcosa con un risvolto sconosciuto. Se sapessimo sempre cosa succederà, pensi che sarebbe positivo vedere esattamente il futuro condiviso su un vassoio davanti a noi? Mettiamo che hai un'audizione, e sai che passerai prima che l'evento sia accaduto. Sarebbe un bene per te? Sottolineerebbe la semplicità di non dover attraversare le fasi che ci rendono umani. Toglierebbe un modulo chiave che la vita ci conferisce per impedirci di diventare delle macchine. Perché senza emozioni e movimenti, cosa saremmo oltre a bulloni, metalli, pistoni, motori e valvole, e un altro fattore per l'automazione. Fa bene temere i risvolti. Preoccuparsi del fallimento. Ed essere nervosi di non fare soldi con un lavoro regolare. È quello che aumenta le tue possibilità di migliorarti. Ed è ora che dico di amare che questi elementi ti rendono un regolare intraprendente. Trasformali in una storia inspirante da raccontare, e capisci che quando sei in sospeso con queste sensazioni, puoi lottare e dirigere la storia giusta per te. Ma aspettarsi che qualsiasi cosa sia perfetta, secondo i tuoi termini, e prontamente disponibile su misura per te significa non sapere come vanno le cose. Quando proviamo emozioni, ci toccano e ci tengono in circolo. Possiamo paragonarlo a una corda che possiamo raggiungere. Il risultato non sarà mai raggiunto ai tuoi termini. Non posso ripetere abbastanza che quelli che hanno maneggiato le vere carte hanno attraversato la definizione di ansia. E ne usciranno con una personalità che dice "non me ne importa più niente." E concluderò qui: il risultato è una scommessa che tutti dobbiamo fare.

Capitolo 2

Approcci per gestire l'ansia

Ci sono molti modi per farlo. E si possono riassumere in preferenze e in quello che funziona per ogni individuo. Un amico aveva una partner propensa a svenire. L'ho chiamato disordine da svenimento? No. Ma lei sveniva improvvisamente quando c'era la più piccola traccia di difficoltà e non era costruttivo. Non era mai un'occasione divertente. Eppure, entrambi sembravano divertirsi quando trovavano un modo per renderlo meno evidente. C'erano altri fattori che mi vengono in mente, però. Le sue abitudini alimentari erano lungi dall'essere nutrienti e lei preferiva gli zuccheri raffinati e mangiare patatine e biscotti, cosa che è inutile se pensiamo a quello che serve al corpo. E dato che il nostro corpo è costituito per la gran parte da acqua, dobbiamo assumere anche quella. Il suo modo di affrontare gli svenimenti, che i dottori adducevano alla pressione alta e al suo battito cardiaco irregolare, era sedersi. Su un muro, una panchina, sull'erba oppure appoggiandosi a qualcosa che la sostenesse. E la aiutava a calmarsi, rimettere a posto i pensieri, ritrovare la pace con la sé stessa interiore, e far tornare tutto a un ritmo che non la lasciasse senza fiato. E questo mi fa pensare a un altro approccio per gestire l'ansia: questo è di Bruce Lee, e dello scrittore Paul Dooley, che scrisse un articolo su Bruce Lee con un breve passo scritto dal personaggio stesso. Bruce era un filosofo con le parole: L'acqua è senza forma e non è resistente, se solo i nostri stati mentali e le nostre emozioni fossero così. Questo stato malleabile sarebbe benefico ma ovviamente richiede una preparazione. Come la maggior parte delle cose che impariamo, dobbiamo fare pratica prima di diventare bravi. Nel caso di vivere con l'ansia, questo significa accettare, scorrerci insieme, e rilassarsi in vista dell'ansia, che può solo aiutarci ad avere sollievo dalla costante tensione e paura con cui viviamo, una possibilità per riposare. Lascia che mi spieghi: la pratica ti rende davvero perfetto. Che sia un lavoro manuale o un'abilità, anche essendo dotato naturalmente. Più ci lavori sopra e più diventerai bravo. E quando sei appassionato al punto da sapere che avrai successo, non c'è modo di fermare il flusso che può essere scambiato tra te e la connessione universale che nutre e istiga le tue azioni. Quello di cui parla Bruce Lee è la corrente dell'acqua. E come il nostro flusso sanguigno, o il ciclo mestruale che le donne provano, che è una pulizia anche se molto scomoda, è il modo in cui dovremmo cercare di essere. Dobbiamo ripulirci per riempirci. E quando il corpo si sbarazza degli scarti tramite le nostre vie d'uscita, è chiaro che abbiamo la possibilità di riguadagnare un nuovo modulo in ciò che mettiamo dentro di noi. Ritornerò all'acqua di Bruce Lee... e ti porto vicino alla pulizia di sé stessi che può essere assimilata a come gestire l'ansia. Ho pensato, proprio casualmente, che produciamo di continuo degli scarti da quello che consumiamo. E se non ci trattiamo con rispetto, a partire dal cibo ad esempio, allora come possiamo permetterci di pensare che il ciclo interiore sarà in sintonia? Devi prenderti cura dell'intestino. L'intestino è il tutto, è la fine di come il tuo giorno può essere. Sii consapevole che quello che digerisci dice molto sullo smaltimento quando viene fuori.

Ecco un esempio di digestione e del perché è così importante capire cosa significa:

Mentre il cibo attraversa il tuo tratto gastro-intestinale, i tuoi organi digerenti rompono il cibo in parti più piccole usando: movimento, come masticare, strizzare e mescolare, succhi digestivi, come gli acidi gastrici, la bile e gli enzimi. Con tutto quello che succede dentro di te, trovo adatto pensare a quanto bene questo debba essere regolato. Una buona dieta è sprecata nel mondo di oggi. Stiamo diventando vegani, vegetariani, pescetariani, fruttariani, crudisti, e la carne sta uscendo dall'equazione. La carne ci fornisce la B12 (DNA), che è facilmente assorbita dal corpo, e non solo, ma una semplice ricerca ti dirà che la carne rossa contiene antitossine, minerali, B3 – a seconda della carne che mangi. Quindi, davvero, consuma carne rossa se sai che il macellaio e l'allevatore la mantengono più organicamente soddisfacente possibile. Perché la realtà è questa: la carne rossa oggi non è l'opzione migliore.

E non sto predicando la vita alternativa quando si parla di cibo, ma attualmente, quello che mangi contribuisce sempre di più al 90.9% delle malattie mentali e fisiche. E questo è basato statisticamente sui miei sintomi vedendo che una semplice corsa per strada o un po' di stretching per i muscoli della schiena – o anche camminare al parco aiuterà Wilma che dice che non può lavorare per via della sua schiena e della sua tendenza a mangiare alimenti processati che mette nel microonde.

O il bambino che soffre di ADHD e beve tantissima coca-cola perché l'acido fosforico è la base delle bevande gassate.

E poi c'è lo sciroppo di mais ad alto contenuto di fruttosio, il bisfenolo e l'acido citrico che sembrano pericolosi solo a leggerli. Non fanno bene. E quello che fa la coca-cola a un bambino di dieci anni con una dieta insufficiente è alzare i livelli di insulina e mettere in difficoltà il suo fegato finché non fa pipì. Il punto a cui voglio arrivare è che per gestire l'ansia devi sistemare ciò che è dentro di te. E devi iniziare da ciò che mangi. Il mondo si sta svegliando. Vedi che le associazioni alimentari si stanno sforzando per farci mangiare. Ma quello che è peggioè che il mondo in cui viviamo naturalmente può produrre alimenti che ci forniscono ciò di cui abbiamo bisogno. Frutta. Cibo verde. Le cose meno zuccherate che sono insapori e disgustose possono essere ciò che migliorerà la tua salute mentale. Se hai dovuto lavorare dalla testa ai piedi, allora dovresti fissarti sul cervello. Mi piace chiamarla sindrome comportamentale cognitiva. Consuma il palazzo mentale di cui parla Sherlock

Holmes. Rendilo un santuario invece che una prigione. Dagli il trattamento che nessun dottore può vedere. Nessun terapista può toccarti oltre i limiti stabiliti da te. Allora perché non permettere al lavoro della ricerca e a una dieta sana di sistemare le irregolarità dello stress? E lo so, non è sempre facile trovare un equilibrio tra il lavoro, il mangiare, il multitasking se sei una madre con tre figli e un marito. O in una relazione civile, qualsiasi cosa sia. Un modo di dire che mi è rimasto impresso è che il tempo può essere gestito in maniera efficiente. E poi, se qualcuno davvero volesse, potrebbe cambiare i suoi impegni per te. Le persone sono impegnate, di solito, di fretta, e non riescono a pensare. A rilassarsi. Ad essere sole con loro stesse per un'ora. Rilassarsi è cruciale. Non viene fatto abbastanza. Le tribolazioni più sciocche e mondane sono quelle che preoccupano e provocano ansia alle persone. E non sto giudicando una ragazza che deve farsi i capelli per domani alle dieci perché deve andare a una festa. O un ragazzo che deve tornare a casa per vedere l'Inghilterra giocare alla partita di campionato: stressarsi tutto il tempo quando ci sono le repliche, anche se alcuni replicheranno "Ma è l'Inghilterra!" E una preoccupazione recente era non avere il latte la mattina, per una persona sull'orlo di uno sfogo da acne. L'ansia può arrivare nei pacchetti più piccoli.

Quindi, sì, l'ansia può riguardare le cose più insignificanti: non avere il giusto colore di capelli. Non uscire con la donna giusta, ma è già abbastanza difficile. E non è mai più grave dell'ansia successiva, perché hai comunque bisogno di calmarti e rilassare non solo i tuoi muscoli, ma la mascella contratta che trema come quella di uno squalo affamato. Gestisci il tuo corpo. È la tua corazza, impara a lavorarci insieme. Allora, potrei essere un po' ripetitivo, ma lavorare otto ore al giorno e tornare a casa con lo stress della casa in fiamme non dovrebbe essere il caso. Il tuo luogo di riposo dovrebbe essere un rifugio, una spa, deve darti il tempo di respirare, un piccolo lusso che può essere immergere i piedi in una macchina per aumentare la circolazione ai piedi, o dedicargli un po' di attenzione visto che ci hai lavorato tutto il giorno. Credici o no, quando ti dedichi o ami l'esterno, si trasferisce all'interno. Non mi inoltrerò nello stress di un lavoro regolare e come questo agisce nei blocchi che causano tanta disarmonia tra l'universo che è sempre lì per te e la mancanza di amore per sé stessi che alla fine del giorno è tutto ciò che puoi concederti. Nessun altro, non importa chi sia, può amarti più di te stesso. E possono starti vicino, aiutarti lungo le difficoltà della tua ansia e degli attacchi di panico, ma poi devono andarsene, o andare a lavoro, o andare avanti con le loro vite, e allora che farai? Siamo venuti a questo mondo da soli, sì, ma non per essere sbattuti in un angolo in cui non possiamo usare gli strumenti a nostra disposizione per succhiare come un formichiere. Dovremmo costantemente riempire noi stessi.

Capitolo 3

Identifica il tuo problema

Ho citato alcune storie nel prologo iniziale che riguardavano individui con problemi molto seri nella loro vita che andavano risolti. C'era la madre che ha perso suo figlio, la rottura di una relazione a causa di incomprensioni, gli esami finali, e l'improvvisa morte che ha prolungato il senso di colpa nella mente del figlio. Ognuno di questi problemi ha una sotto-trama come quella di un romanzo e spero di aiutarti. Sono buoni nel senso che portano vari metodi che puoi provare ad usare quando identifichi un problema che fa suonare i tuoi allarmi. La prima storia con la madre è un caso in cui l'ansia può essere un fattore decisivo quando lavori per uscire dal panico, dallo stress, e arrivi al beneficiario materno che dovresti essere.
Per Kelly è stato molto grave perdere il figlio, come per qualsiasi madre e padre, e

senza i sintomi delle sue emozioni che quasi l'avevano gettata a terra, a piangere col volto tra le mani e a gridare che è una madre terribile – non sarebbe mai riuscita a rialzarsi. Perché talvolta il tuo corpo ti tradirà. Lo fa. Quando provi attrazione sessuale, o quando la chimica prevale e non puoi negare che quello che senti non può essere tradotto in parole, ma tu e quella persona avete una tale connessione che parla senza aver bisogno di parole. Possono essere i nostri corpi in momenti in cui non ce lo aspettiamo. Penso che colleghino questo attributo a un attacco di panico che spunta dal nulla. Il corpo di Kelly ha iniziato a peggiorare come quello di un malato di cancro le cui cellule sono sotto attacco e non smettono di crescere. Non penso che il cancro esista, ma è un'altra storia perché i nostri corpi possono ammalarsi gravemente, ma non è un cancro creato dall'uomo che può esserti somministrato tramite metodi che molti stanno apprendendo, alla fine siamo noi a decidere se vogliamo vivere o morire. Passato o futuro. Non importa. Ma tutti abbiamo credenze diverse, e tutto quello che voglio dire è che affinché Kelly potesse identificare il problema, doveva trovarne l'origine. E all'epoca erano i suoi attacchi di panico e la preoccupazione. E per aiutare la ristrutturazione di sé stessa, Kelly chiudeva gli occhi, si concentrava sulle basi profonde delle sue conoscenze: suo figlio, e il pensiero di cosa avesse attirato la sua attenzione. E quando la guardia le si avvicinò per dirle che stava chiamando altre guardie di sicurezza per cercare suo figlio, lei aveva già iniziato a controllare ogni negozio di giocattoli, con la sua preoccupazione che diminuiva perché era all'erta. Suo figlio poteva essere stato portato via da uno sconosciuto? Sì, la triste realtà è che quella era una possibilità. Viviamo in uno strano mondo. Con uomini e donne molto malati. E alla fine, quando ha chiamato Solomon con la voce tremante, ha combattuto la paura di non sentire mai più la voce di suo figlio e ha corso fino al traguardo senza conoscere l'esito. E questa è una cosa vittoriosa da fare. Quando chiesi a Kelly della terribile prospettiva, disse, "Non mi sarei mai perdonata per la mia pigrizia. Se Solomon si fosse perso, sarei stata sconvolta per sempre. Ma all'epoca, restai ottimista e pensai che mio figlio era da qualche parte nel centro commerciale a cercare la sua mamma e che lei doveva essere nelle migliori condizioni, perché se mi fossi arresa al dolore al petto, alla perdita di controllo, alla mia mente che diventava vuota e vaga, e ai tremori che sentivo perché ricevevo occhiate dalle altre madri che mi giudicavano inadatta – mi hanno già detto che sono una cattiva madre – allora sarei diventata prigioniera di quella trappola negativa nel mio corpo."

Ma Kelly ha trovato la trappola del corpo, e l'ambiente si aggiungeva alla percentuale che aumentava. E quando ha trovato Solomon fuori da un negozio per costruire orsetti insieme a uno dei commessi che era col bambino per portarlo alla sicurezza, era sopraffatta non dalla rabbia ma dalla gioia di averlo ritrovato, e corse da Solomon. "Mi ha insegnato ad affrontare la pressione quando si tratta di situazioni crudeli per la mente e che possono davvero mandare una madre in un istituto mentale. Ora mi do un cronometro, perché prima quando avevo un problema lo tenevo dentro fino ad esplodere per via della pressione che mi portava. Ora faccio qualche passo indietro e penso... penso... penso... e poi agisco secondo ciò che può aiutarmi a uscire da quella difficoltà." Tasha e i suoi studi erano simili. Il giorno dei suoi esami finali, il suo crollo è arrivato qualche ora prima che iniziassero. E ho detto che è arrivato tutto insieme: dieta scarsa, mancanza di sonno, non riposava gli occhi dallo schermo del computer, evitava l'esercizio, bloccata nella stessa posizione senza fare stretching... tutto ha contribuito all'onda d'urto che l'ha travolta ed è diventata un terribile attacco di panico che non era dovuto solo allo studio.

Tasha ha detto, "il mio ostacolo era il mio stile di vita in generale. Dal mangiare pasti da studenti come i noodle preconfezionati, barattoli di zuppa a basso costo, cereali zuccherati, patatine piene di olio, barrette di cioccolato, Pringles, caramelle, ed evitando tutto ciò che è sano. È stato solo quando si sono avvicinati gli esami che mi sono accorta di essere senza energia, di avere un brutto sistema digestivo, ero piena, non riuscivo a dormire e questo pattern diventava sempre peggio. Ho deciso di cambiare alcune cose. E per gli esami finali, ero certa che il modo di cambiare era un semplice dirottamento. Quindi, iniziai a fare una passeggiata, mi isolai da tutto quanto, bevevo molta acqua, e poi tornai e chiusi gli occhi e mi sdraiai sul letto per un'ora con una frequenza da 963Hz che era angelica musica curativa. Nessun disturbo, e non ero estranea a suoni che ti liberano dallo stress. Ma pensavo fossero una farsa. Avevo bisogno di qualcosa di drastico, e per me, questa era una cosa anormale da fare. Quindi, quando misi quella musicai e mi abbandonai, mi ci volle molto tempo per trovare quella voce che dice di spegnere tutto. Non andare nel panico. Non esercitare altra pressione. Puoi farcela. Puoi davvero farcela. E continuai a ripetermi: puoi farcela, Tasha. Finché non mi alzai e andai a fare i miei esami. E se non avessi cercato di aggiustare questo wormhole, non sarei passata."

Seguendo questo, la rottura che ha coinvolto Timothy aveva molto più a che fare con le porte chiuse da capitoli passati che non vogliamo aprire. Timothy era stato tradito molte volte. E questo è successo ad un bravo ragazzo la cui credulità era estremamente basata sul non conoscere le persone per chi sono davvero. E sì, potrebbe piacerti il pacchetto esteriore, ma quello che contiene potrebbe essere un prodotto senza cavi con cui non puoi connetterti. Timothy aveva subito un parziale lavaggio del cervello dallo standard di bellezza della società. E aveva un bel lavoro, una bella macchina, e usciva con donne che, sarò onesto, erano più care di quello che lui poteva gestire. Le chiamerò tipi di appuntamento con la data di scadenza, ma per essere corretto, ognuno vive la propria vita come preferisce. Quindi, queste donne, anche se usavano Timothy, erano al tempo stesso usate da lui, parole sue,

non   mie.
E quando ha iniziato una relazione stabile, lei non era nei suoi standard. E da questo sono nate molte questioni. "Perché non era il mio tipo: non era abbastanza carina. Non era truccata e alla moda, mi preoccupavo follemente che l'avrei tradita io. E quel pensiero compariva sempre più spesso mentre mi innamoravo sempre di lui, la apprezzavo, ma non ero mai attratto nello stesso modo. Ma quello era superficiale nel passato, e alla fine, i miei attacchi di panico non derivavano da me che non capivo quanto avessi bisogno di vedere la mia futura moglie per quello che era, ma diventarono l'opposto, e ricevetti del karma negativo nella forma che non riuscivo più a vederla. La accusai delle cose più offensive durante i miei attacchi di panico, come threesome con i colleghi di lavoro, molteplici partner, il fatto che uscisse troppo ed era una puttana con ogni uomo che incontrava.

Ero sempre geloso. Iniziai a diventare ossessivo. E persi la mia attrazione per questo. Quando se ne andò, caddi a pezzi, iniziai ad allontanarmi dagli appuntamenti, dai social media, dalla rete, e dalle donne in generale, e iniziai a scoprire perché ero così attratto da una bellezza che non mi guardava mai nella stessa luce superficiale. Fu un periodo spaventoso. Ero spesso da solo. Avevo bisogno di compagnia. Ma persi il fascino del glamour. Non che le donne alla moda siano arrampicatrici sociali e manipolatrici, ma in generale, imparai che il mio problema era volere ciò che non potevo avere, e i soldi aiutavano. Ma ero così vuoto, tutto il tempo. E l'unica donna che era entrata nella mia vita ed era nella media, come me, era l'unica che mi aveva dato ciò che mi mancava: la realtà."

E, per ultimo, il lutto di Clive. Questo sarà breve...

"Lo dirò ora, la morte di mia madre è stata difficile perché feci del mio lavoro una priorità, e non lei. Lei era il mio mondo, e per questo mi colpì così duramente che sviluppai una paura di volare. Anche mettere piede su un aereo mi faceva venire la nausea e le vertigini. Mi sentivo soffocare. Ero a pezzi. E dovetti correre via con la sicurezza che mi chiedeva se avessi bisogno di un dottore. Ero messo male. Davvero male. E ho ancora i brividi quando salgo su un aereo perché l'apprensione dei sensi di colpa mi intrappola. Ma la sto superando ora, mi concentro sui pensieri che si svolgono quando non posso controllarli. Il tempo di mia madre era arrivato. E per guarire, dovevo accettarlo. Tutti moriamo. E alcuni dicono che viviamo ancora. quindi lasciai che mia madre vivesse nei miei ricordi, era ancora doloroso, ma decisi di non sprecarmi sulla sua morte, ma vederla come un sentiero per arrivare a una migliore vita per lei. Penso che sia più felice ora."

Capitolo 4

Identifica i pattern del tuo pensiero

Sì, una statistica vitale che va fatta per chiunque abbia il cuore che batte troppo forte e nodi allo stomaco. Quello che pensiamo è quello che potremmo diventare. Dico potremmo perché il potere delle parole e dei pensieri può essere negativo per la tua salute. Ecco alcune citazioni: "Le parole sono libere. È l'uso che fai di loro che ha un costo." – KushandWizdom "Alza le tue parole, non la voce. È la pioggia che fa crescere i fiori, non i fulmini." – Rumi Queste citazioni mi inspirano, e spero che lo facciano anche con te. Sostituisci parole con pensieri, io spesso lo faccio e vedo se va ancora bene. E i pensieri sono ancora più liberi delle parole. Nessuno deve conoscere il tuo sistema di comunicazione con te stesso. Ma quello che è lì, può trasferirsi ad ogni altro organo, vaso, funzione, cuore e cervello. Quindi, la vitalità con cui tieni il tuo cervello sano con una dieta adeguata è essenziale perché devi trovare un metodo efficiente per programmare un nuovo modo di pensare.

Per esempio, i messaggi subliminali sono prevalenti nel mondo odierno. Per esempio, per la pubblicità. E per la musica, soprattutto quella mainstream. Condividerò con te un trucco che potrai usare su di te per sostenere una miglior qualità di pensiero. Anche se pensi che sia inutile, interagisci con parole che ti portano luce e vita. E potrebbe essere semplicemente "amo me stesso," "oggi sarà una bella giornata," "niente mi distruggerò." E dillo nella tua mente, non ad alta voce. Dì al tuo corpo quanto lo apprezzi.

Potrebbe sembrare inverosimile e strano, ma l'io interiore è quello che devi soddisfare alla fine. L'esterno è solo ciò che il mondo vive. Se porti a te stesso una raffica di negatività e esitazione davanti alle pressioni delle sfide, allora come puoi pensare di avere successo? Quando sei messo al muro da uno sfidante, perché tremi? Qual è il peggio che può accadere? Potrebbero essere più forti di te, e se allontanarti è la cosa migliore per te, allora fallo. Allontanati, pensa a come procedere, e riconosci che quello con cui ti nutri è molto simile a una stampa. Pulisci ciò che vedi e pensi. Controlla se alimenta la tua conoscenza e le tue informazione come abbiamo bisogno delle vitamine C e D nei nostri corpi. Ti illustra come agire proattivamente? Può incoraggiarti per il tuo progetto successivo? Sistemerà il disastro in cui sei con questi attacchi che arrivano quando meno te li aspetti? Perché arrivano, innanzitutto? Chiediti tutte queste cose. Concediti tempo e spazio. E scopri che

quello con cui alimenti il sistema respiratorio è probabilmente ciò che riprodurrai in molti altri modi. Manda alla tua mente segnali che innaffino il suo giardino. L'amore per se stessi produce un miglior equipaggiamento al livello più alto; e quando elabori un foglio di lavoro su come migliorarlo, allora puoi trasmetterti vibrazioni positive. Tutto si scontrerà e brucerà se non trovi un equilibrio tra positivo e negativo. Una canzone di Hozier, "Ninna-nanna del piromane", dice:
Tutto ciò che hai è il tuo fuoco
E il luogo che devi raggiungere
Non domare i tuoi demoni
Ma tienili sempre al guinzaglio
C'è un buono e un cattivo in ciò che pensiamo e processiamo. Sincronizzati con i pattern che si sono formati in come vivi la tua vita. Intrattieniti con ciò che ti dà energia. E identifica ciò che interrompe il

tuo progresso. Abbi un appuntamento con te e nessun altro. Non aver paura di guardare l'oscurità della tua psiche. Alcuni ne escono scottati. Altri trovano la loro vita rigenerata e nuova.

Capitolo 5

Pattern di pensiero negativi

Devi imparare ad allontanartene. E non è facile. Ci abituiamo a una routine in cui seguiamo l'orologio strutturato da ventiquattr'ore che afferma che dobbiamo lavorare per la maggior parte di esso sotto il tempo di un altro. Il tempo è prezioso per te. Quello che perdi, non può tornare. Allora perché soffermarti sulla negatività? Ecco la definizione:

L'espressione del criticismo o del pessimismo di qualcosa. Il modo migliore per descrivere ciò che la negatività fa al corpo è interferire con la tua energia, endorfine, serotonina, e le pulsioni che lavorano per darti quello stimolo quando ti alzi. Quando incontri la negatività, è quasi come un canale di scolo che aspetta di gocciare su di te. Arriva con un prezzo, e quando quel prezzo non si esaurisce mai attorno alla persona che sembra pensare che il sole sia un buco nero, o che ha una malattia mortale quando è solo una brutta influenza, è come un vampiro succhia-energia. Questa è la mia opinione. La negatività risucchia la positività. E questo è il lavoro di un'entità sovrannaturale. E se sei tu a morderti il collo, allora sta attento. Questo minaccia la tua vita più del vampiro che vuole buttarti a terra. Possono rovinarti. Ma quello che ti aspetta al traguardo quando è tutto finito sei tu, te stesso, e come scegli di gestire la loro distruzione. Se, tristemente, scegli di toglierti la vita, allora questo spetta all'individuo, no? Non voglio incolpare i pensieri negativi che portano a tagli tragedie. Ma la responsabilità, indipendentemente dall'età, risiede nell'io di quella persona. Il loro stato mentale e l'aiuto di cui hanno bisogno. Mi piacerebbe dire che è colpa del colpevole se si arriva a una tragedia, ma una volta ho visto una ragazza abusata sessualmente fin da piccola, e alla fine è rimasta incinta due volte con i figli del patrigno – li ha cresciuti dicendo che non era colpa loro e non avrebbe abortito. Ora, se dopo una vicenda così straziante, una donna può fare questo ed eliminare la negatività del fare da madre a quei bambini con amore e gentilezza anche se voleva uccidere il suo patrigno, questo per me mostra la genialità di come possiamo essere forti di fronte ai nostri avversari. Lei è un'eroina, non solo per aver combattuto le difficoltà di un ambiente malato, ma un patrigno malvagio che l'ha presa e le ha offerto la sua protezione. Lui è in prigione. E lei da questo è riuscita ad andare avanti. Ma non cambierà mai il fatto che è rimasta positiva lungo questa storia orribile ed è la prova di come abbiamo gli strumenti per proseguire oltre gli ostacoli. Tristemente, l'universo non può darci quello che non possiamo gestire.

E molti sono finiti in maniera terribile, anche se sono dovuti rimanere in circostanze negative. Se puoi aiutarti, più di altri che non possono, allora non ci sono scuse per non eliminare il vecchio e sostituirlo con il nuovo. Non innamorarti del "non posso farcela" e "non ci riuscirò mai". Finirai col criticare le tue doti e le capacità del corpo umano. Sai che il programma inizia con quello che fai entrare inconsciamente? Costruisci quella resilienza a credere a tutto ciò che vedi o leggi, fai le tue ricerche. Non seguire i consigli di chiunque. Quello che funziona per te è vitale per ciò che farà uscire il meglio di te. E quando imparerai a farlo, vedrai un cambiamento nella realtà che prima era così grigia. Trai il meglio da ciò che ti viene presentato.

Capitolo 6

Elimina le cose che ti trattengono

Un'altra area che toccheremo ora è eliminare ciò che ti trattiene. E ci sono tre componenti chiave per farlo. Quindi, sono felice di guidarti velocemente attraverso ciò che devi fare. E non ti sovraccaricherò. **Procrastinazione**: è l'atto di rimandare qualcosa. Pensi di farlo? Spesso sminuendo un sintomo che ti tormenta al rene destro o al polmone sinistro. O ignorare quella conversazione che ti ha ferito, perché non vuoi essere quello che riporta il passato nel presente? La procrastinazione, per me, può essere un periodo per riflettere su di sé. Un momento per analizzare quello che ti trattiene dal completare il compito o la faccenda che sembri evitare. Semplicemente non finire quel romanzo che hai interrotto. È difficile concentrarsi. Ed è qui che voglio arrivare. La concentrazione e la focalizzazione sono due fattori chiave del perché procrastini e dovresti trovare il tempo per completare ciò che hai lasciato indietro. È sempre bello per me finire un libro. Mi sento come se avessi chiuso e posso sistemarlo, fare degli aggiustamenti o ritornarci più tardi. Dirò lo stesso a te: lavora a rilassarti, a riposare, imposta il tuo intero corpo e il tuo stato mentale, e poi cerca di concentrare il tuo cervello sul compito. E se non hai tregua, allora ritornaci, ma assicurati di completarlo. Quel senso di soddisfazione fa bene al tuo intero essere.

Panico: se è incontrollabile e causa un comportamento imprevedibile, allora deve essere ridotto al ritardo che definisce la procrastinazione. Ha senso. Quando ritardi quell'attacco di panico, cosa fai? Ti riprendi quello che ti ha travolto. E quando lo usi per formare un bel quadro, riesci a vedere tutti gli strati che hanno bisogno di essere ripassati. E si ritorna alla focalizzazione e alla concentrazione. Portalo nell'abitacolo quando decolli e distruggi quella radice. Se controlli le ricette in te stesso, sei destinato a trovare il problema centrale. Non avere paura. **Preoccupazione**: l'ho già detto, qual è il peggio che può accadere? Ed è una domanda enorme che più persone dovrebbero chiedersi quando non siamo messi così male. Di nuovo, misura il peso di quanto sei davvero in pericolo e quanto la tua vita è a rischio. Non sopporterei che qualcosa accada a chiunque per via della stupidità di farsi questa domanda. Ma quello che voglio dire è che la preoccupazione può passare dal pensare troppo al soffocarti. Concentrati sulle cose buone che possono derivare dalla tua dimenticanza. E sono sicuro che puoi vederle. Sono lì. E se ti sta uccidendo, se ti afferra, e causa un tale danno nella tua vita perché tutto quello che fai è preoccuparti e poi trovare il tempo di chiudere gli occhi dal mondo e da coloro che ti circondano cambiando la tua prospettiva. Ricerca l'arte del respiro, trova quello che dovresti mangiare per non appesantire il tuo corpo, e cerca metodi per volare come una farfalla e pungere come un'ape.

Capitolo 7

Affronta le tue paure

Spero che durante questa lettura tu possa trovare un modo per migliorarti e affrontare i blocchi mentali che ti affliggono. Ho provato ad affrontare la cosa da un angolo che si addice a quello che viviamo attualmente nel mondo odierno.

E i principali contributi all'ansia e al panico sono la mancanza di relax e del tempo di cui abbiamo bisogno di diritto. È vitale mangiare bene e amarsi più di chiunque altro. Sì, dovremmo amare i nostri vicini. Come ha detto Bob Marley, un solo amore. Ed è tutto ciò di cui abbiamo bisogno. Ma fai lo stesso per te stesso quando ti senti incasinato e intrappolato. Quello che causa queste emozioni dentro di te può essere eliminato dallo stesso risentimento a cui ti aggrappi quando soffochi i miracoli dell'anatomia umana.

Costruire su una superficie rocciosa non significa che cadrà come nel gioco del Jenga.

È buono essere "rocciosi" di tanto in tanto, è buono provare paura, preoccupazione, panico, e ansia, ti mantiene strategico per le fasi successive della tua vita, perché ti porta al punto in cui qualcosa è squilibrato e ha bisogno di attenzione. E questo è sano. Significa che c'è una mancanza di comunicazione ed è la tua possibilità di uscire riparato dall'esperienza. Ci sono modi più spirituali di gestire la paura, ma sto uscendo fuori tema, quindi condividerò una citazione e ti lascerò con la meraviglia di quanto è vera: "Fai la cosa di cui hai paura, e la morte della paura è certa." – Ralph Waldo Emerso

Capitolo 8

Pratica il rilassamento e la consapevolezza

Sono contento di aver raggiunto questo punto con te. Sai che durante questo libro l'obiettivo era lo stato della mente? È da lì che inizia il dubbio ed è lì che deve finire. Ma come un'auto ha bisogno di carburante, il corpo umano ha bisogno di ristabilirsi con gli ingredienti che lo mantengono in ordine. Concediti almeno un po' di riposo e di relax quando puoi. E quando sei a lavoro, se sei sotto molto sforzo, chiedi qualche momento per riguadagnare le forze e ritornare fresco. Trova sempre il tempo per rigenerare le energie che ti vengono pagate, perché non dovresti mai essere eccessivamente maltrattato quando quello è il tuo bene con più valore a lavoro. Devi prenderti il tempo di riprendere il ritmo e l'energia che spendi. Interagiamo inconsciamente con le energie di cui non abbiamo consapevolezza. Alcune sono negative. Altre positive. E non è mai facile scuotere il magnetismo delle parole che possono migliorare la tua giornata o buttarti a terra. Quindi sì, proteggiti con metodi che ti insegnano a interferire con le corde giuste della tua melodia. E questo significa identificare quello che funziona e ti porta gioia nella vita, e quello che è discordante. Se ti crea problemi, allora spostati gentilmente e vedi se riesci a cancellare il dubbio e lo sconforto. È così facile essere troppo gentili e avere paura di parlare chiaro. Ma è la tua salute, e l'ansia e la paura possono essere eliminate imparando come isolarti dagli impegni della tua giornata. Trova il tempo, concentrati, e amati interamente.

Conclusioni

I tuoi obiettivi a lungo termine. Elabora un piano e agisci

Ora che abbiamo raggiunto la fine del libro, vorrei che tu sappia che un modo di avere a che fare con le tue circostanze può essere organizzato in un piano che genererà l'entrata di miglioramenti nel tuo stile di vita.

Una linea di condotta è semplicemente, come ho detto prima, un time-out dal mondo, come dai tuoi figli. Marito. Moglie. Partner. Ragazza. Qualsiasi status abbia. Non sprecherai un'ora se ti sdrai, siedi, bevi un té alle erbe e sostituisci la dieta che ti lascia depresso e incapace di alzarti dal divano.

Non puoi aspettarti risultati con ingredienti cattivi. Troppo di tutto non è raccomandato, quindi equilibra ciò che consumi, e goditi quello che vuoi mangiare, ma assicurati che sia come i tuoi obiettivi: equilibrato nel peso.

Un piccolo piano può iniziare dal cambiare la tua visione dei risultati. Permettigli di essere quello che deve, e non cercare di controllare l'inevitabile. Quello che accade ha una ragione, ma noi possiamo scegliere come reagire. Impara ad accettare il destino e le linee che sono scritte per te. Sii più felice. Se puoi permetterti di leggere questo libro, allora sei già in grado di prendere le decisioni giuste. Sappi sempre che lì fuori c'è una persona che potrebbe essere al tuo posto o peggio, quindi la preoccupazione che hai in un paese dove hai un tetto, un lavoro, una famiglia, e almeno qualche responsabilità di agire e non parlare e basta. Ma per favore sappi che tu sei ciò di cui hai bisogno. E nessun altro. Quando la specie umana padroneggia quello che siamo davvero in grado di conquistare, non ci saranno più dubbi su ansia e preoccupazione. E vedrai tu stesso che il potere di guarire inizia con una semplice mediazione.

www.ingramcontent.com/pod-product-compliance
Lightning Source LLC
Chambersburg PA
CBHW071852070526
44583CB00016B/1661